成本战略

高在焕　著

云南美术出版社

图书在版编目（ＣＩＰ）数据

成本战略 / 高在焕著. -- 昆明 ： 云南美术出版社，
2025.2
ISBN 978-7-5489-5677-8

Ⅰ. ①成… Ⅱ. ①高… Ⅲ. ①企业管理－成本管理－
研究－中国 Ⅳ. ①F279.23

中国国家版本馆CIP数据核字(2024)第090710号

责任编辑：赵异宝
责任校对：贾　远　　方　帆
封面设计：熊真兴

成本战略
高在焕　　著

出版发行：云南美术出版社（昆明市环城西路 609 号）
印　　装：武汉楚商印务有限公司
开　　本：787mm×1092mm　　1/32
印　　张：6.75
版　　次：2025 年 2 月第 1 版
印　　次：2025 年 2 月第 1 次印刷
书　　号：ISBN　978-7-5489-5677-8
定　　价：69.00 元

前　言

　　企业的经营有其脉络。抓住了就有可能引领市场，抓不住就可能被淘汰。大多数中小企业都在努力经营，但总是无法突破市场瓶颈。对于依赖大企业的中小企业来说，生存下去的秘诀是什么？在快速变化的经营环境中能够引领市场的竞争优势又是什么？

　　本书试从成本战略出发，以成本中心的经营思维给出答案。这里针对的不是微观成本项目的管理，而是从企业战略层面提出了如何选择成本管理方向的方法论。某种意义上CEO的正确决策比员工的努力工作更为重要。优秀的领导者是那些能够做出正确的战略性决策，指明员工努力方向的人。

希望本书能够成为中小企业的成本管理指南，为CEO 们指引方向并帮助其做出正确判断。

目　录

第一章　降低成本的现在与未来

第一节　提高企业收益的方法

提高企业销售额有两种主要方法。一是增加销售数量（Q1 → Q2），二是提高价格（P1 → P2）。此时，增加销售数量，销售价格不能下降。提高价格，销售数量不能减少。如果要提高收益，销售额增加的同时，追加投入的成本必须小于销售额的增加额。

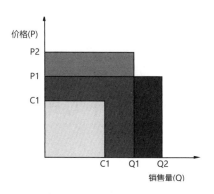

图 1-1　提高销售额的方法

一、增加销售数量以增加销售额的企业

在销售价格保持不变的情况下，销售数量从 Q1 增加到 Q2 时，销售额会增加。此时，成本增加的面积必须小于销售额的增加面积，企业的收益才会增加。虽然也有一些企业会提高价格来增加销售额，但在激烈的市场竞争环境中，这并不容易实现。

在销售价格保持不变的情况下，如想增加销售数量，通常需要不断推出具有吸引力的新产品。每次推出增加了新功能的智能手机时，销售价格都不会下降，但销售量持续增加，这就是一个典型例子。这些企业大多拥有创新技术，并具备引领消费需求的能力。

企业能否持续发展，同样取决于企业是否具备了不断创新并且引领市场的能力。避免成为昙花一现的企业，在快速变化的市场环境中生存下来，需要具备持续发展的能力才能应对自如。

二、提高价格以增加销售额的企业

在销售数量保持不变的情况下，将销售价格从 P1 提高到 P2 会增加销售额。这时，由于没有成本变动因素，收益会随着销售额的增加而扩大。当然，如果有成本上升因素存在，只要其影响面积小于销售额增加的面积，那么收益就会增加。然而，现实情况是如果价格上升需求弹性就会降低，总销售额不容易增加。

在销售数量保持不变的情况下提高销售价格，通常是垄断性企业采取的行为。垄断性企业即使提高价格，需求弹性也不会大幅下降，因此销售额会显著增加。这在能源行业、奢侈品行业、香烟等竞争受限或属于生活必需品的商品上表现得尤为明显。例如，汽油的价格从每升3元左右提高到如今的每升8元以上，仍然不妨碍人们购买私家车。

三、对市场环境错误的判断带来的影响

企业就像行驶的自行车，停下来就会摔倒。通常情况下，一时的销售增长会促使企业进行更多的投资，以追求更多的利润。如果这些投资是基于对未来经营环境的准确分析，那么它们自然会成为企业增长的基石。然而，在市场环境不确定的情况下，为了追求过于激进的销售增长而进行的投资可能会导致难以承受的债务，最终导致财务负担，甚至引发企业危机。2008 年的金融危机以及 2018 年开始的中美贸易战导致的国内外需求疲软等经营环境急剧变化的大背景下，可以很容易找到不合理的投资带给企业的困境，甚至由此导致的企业倒闭的案例。

在销售增长时期的投资可以分为两种，固定成本投资和变动成本投资。与销售增长相适应的加班、外包加工费用的增加等，属于变动成本投资。这种投资即使将来销售停止增长，企业仍然可以应对。如果是固定成本的投资，如购买土地、采购设备、额外雇佣员工等，销售额一旦下降，企业就会陷入困境。需要注意的是固定成本不是成本管控的对象，而是企业经营结构调整的对象。因此，在销售增长时期，应基于对未来市场环境的合理判断选择投资方法。

全世界的 CEO 都倾向于追求扩大销售。销售额一旦增长就会增加投资，但这并不总是正确的。销售额增加，也需要谨慎考虑是否立即进行投资。需要考虑成本在销售扩大时会增长到什么水平，以及在哪些项目上会发生增长。特别是在决定固定成本投资时，必须记住这个决策既有希望成为企业增长的基石，也有可能导致企业破产。

四、通过降低成本提高收益的企业

在销售额保持不变的情况下，提高收益的另一种方法是降低投入成本。无论销售额保持不变还是企图通过增加销售数量或提高销售价格来增加销售额的企业，都必须同时进行成本削减。企业的竞争力取决于单位产品所能带来的利润，提高单位边际利润率在任何情况下都应该关注。

降低成本有两种方法。一种是减少投入成本，如图 1-2（a）所示，另一种是通过提高生产效率增加单位时间的生产数量，如图 1-2（b）所示。

　　方法 a：降低投入成本的方法

　　将 Y 轴上的投入成本从 C1 减少到 C2，就会产生如图（a）中阴影面积大小的收益增加效应。实现这种效果的成本削减方法主要包括从产品规划阶段到生产、销售阶段减少投入成本。

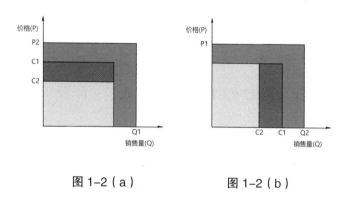

图 1-2（a）　　　　　图 1-2（b）

在这种情况下，可削减的成本项目和实施方法如下。

• 可削减项目：人工成本、材料成本、销售及管理费用、库存成本等。

• 实施方法：价值工程（VE）、约束理论（TOC）、消除生产环节的浪费等。

方法 b：通过提高生产效率来增加产量的方法

通过提高单位时间内的生产数量（生产效率），即 X 轴上的 C1 减少到 C2，就会产生如图（b）中阴影面积大小的收益增加效应。这可以通过改进生产线、提高生产系统效率、提高产出率、减少不良品等措施来实现。

在这种情况下，可削减的成本项目和实施方法如下。

- 可削减项目：单位人工成本、单位投入材料成本等。

- 实施方法：缩短生产时间、提高效率/产出率等。

　　*这里的效率包括决策流程和内部信息化系统的改进。

提高生产效率可以归结为缩短生产时间，这种方式在改善瓶颈工序时效果尤为显著。

提高生产效率意味着投入相同资源的情况下产量增加，或者在减少资源投入的情况下，产量保持不变或增加。这与减少资源本身的方法（a）是不同的概念。

五、降低成本是企业应对市场变化的有力武器

企业为了发展制定长远的战略并不断努力增加销售额。在市场环境向好时，自然能够按照制定的计划实现预定的目标，但当经营环境急剧变化时，企业可能会逐渐失去竞争力。在这种情况下，如果能够通过降低成本来提高单位产品的毛利率，企业就能够引领市场的变化，并在面临挑战时保持竞争力。如果能够持续保持这种竞争力，它将会成为企业主导市场的基础。

因此，即使是销售额不断扩大的企业，降低成本也是一项基本任务。相对于将销售额置于唯一首要位

置的企业，拥有成本竞争力的企业更加强大。在急剧变化的市场环境中，成本优势可以为企业生存下来并崭露头角奠定基础。

第二节　降低成本的历史

降低成本始于成本管理的概念。在以"产品为王"的卖方市场年代，生产出来的产品不愁卖不出去，利润也是有保障的。因此，在限定范围内管理成本就足够了。然而，随着竞争对手的涌现和逐渐进入以"市场为王"的买方市场年代，降低成本的必要性逐渐凸显，单位产品的目标利润和目标成本的概念也逐渐确立。

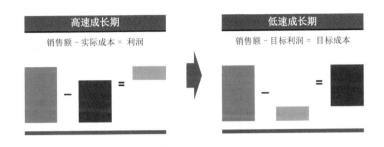

图 1-3

换句话说，从仅仅管控限定范围内成本的时代转变为从产品规划阶段就设定利润目标，并制定旨在实现这一利润的目标成本的时代。如果在规划阶段认为无法实现目标利润，那么商品化就失去了意义。

一、不同年代降低成本方法的变化

现今使用的成本管理的概念可以追溯到 20 世纪

80 年代。那个时期，虽然存在成本概念，但只有少数企业真正理解成本概念，大多数人还停留在以人为中心的生产现场，通过控制投入人员数量来管理工时的认知水平上。20 世纪 90 年代，大规模生产体系得以建立，成本管理的概念才正式确立。

表 1-1　降低成本认知的变化

20世纪80年代 成本控制	20世纪90年代 成本控制 + 降低成本	2000年左右 成本规划	2010年以后 全面成本管理
-------- 控制上线 ——— 中心线 -------- 控制下线	降低成本 成本控制	新产品目标成本 ＋ 降低单位成本	开发 ↓ 设计 ↓ 开工准备　　寿命周期 ↓　　　　成　本 生产 ↓　　　　经营管理 销售 ↓ 物流 ↓ 消费 ↓ 售后＋废弃
▶生产阶段 ·开工率、废品率、产出率等	▶生产+设计 ·IE(生产) ·VE(设计)	▶规划与执行+经营管理 ·新产品规划 ·成本目标管理	▶所有部门 ·各部门的执行

20 世纪 80 年代：成本控制

这是一个没有竞争对手的年代。在那个物资贫乏的时期，即使有竞争对手，大多数产品也都能找到自己的市场。廉价的劳动力和原材料，使得出口产品也不需要过多地关注成本问题。换句话说，那个年代只要生产出来就会有一定的利润。因此，只需控制开工率、不良率、产出率等，管控一定范围内的生产成本，就可以根据生产量获得相应的利润。那个年代主要是通过制定标准成本，然后比较实际发生的成本（实际成本）进行管理。

20 世纪 90 年代：成本控制 + 降低成本

这个时期逐渐出现有力的竞争对手，市场由生产者主导逐渐转向消费者主导，真正意义上的降低成本概念应运而生。在生产阶段，开始广泛地应用工业工程为代表的各种先进的降低成本理论，不断探讨并寻找提高生产效率的具体方法。

工业工程（Industrial Engineering，简称 IE）

工业工程起源于美国，是在泰勒科学管理的基础上发展起来的一门应用性工程技术学科。强调综合提高生产效率，降低生产成本，保证产品质量，使系统处于最佳运行状态，从而获得巨大的整体效益。工业工程的目标是以工程技术为基础，配合科学管理的方法发现问题、解决问题、预防问题。工业工程特别关注人、材料和设备的科学使用，追求以合理的成本维持高水平生产效率。

以前也有工业工程的概念，但它更多地侧重于生产管理方面的改进活动，而不是把降低成本作为目的。然而到了90年代，通过具体的改进措施，如工艺改进、作业方法改进等不断缩短工作时间并提高生产效率，最终实现了降低成本的目标。减少工时带来的生产效率的提高和人工成本的降低等效果，并不总是能够直接量化为具体的管理成果，但它在提高改进意识方面产生了显著的效果。

在这个时期，传播最广泛的活动之一是被称为价值工程的活动。可以将其视为质量管理活动从生产阶段延伸到设计阶段的具体表现。价值工程活动可以在产品设计阶段将各种零部件及材料，通过替代、更改、删除、重组、关联等方式实现降低成本。提高产品的客户体验有 2 种方式，一种是使用更好的材料，一种是保持产品功能不变的前提下使用更廉价的材料。通常情况下价值工程选择的方向不是提高客户价值，而是在保持客户价值的基础上降低成本。

价值工程（Value Engineering，简称 VE）

价值工程是指以产品或作业的功能分析为核心，以提高产品或作业的价值为目的，力求以最低寿命周期成本，实现产品或作业所要求的必要功能的，一项有组织的创造性活动。有些人也称其为功能成本分析。价值工程涉及价值、功能和寿命周期成本等三个基本要素。

2000 年左右：成本规划

这个时期，企业感受到只有做到行业的龙头老大才能在激烈的市场竞争中生存下来。特别是 2008 年的世界金融危机，以及不断攀升的人工费和原材料费用，使得企业在国际市场上也遇到了来自东南亚的冲击。企业深切体验到了降低成本的重要性，于是制定目标成本逐渐占据了重要位置。

为了实现目标成本的管理，在开发产品阶段就需要规划目标成本，并制定具体方案以控制成本。包括对产品质量的要求也是在规划阶段就确定下来，而不是在生产阶段确定。如，将类似的产品定位为高价位时，在开发图纸中提高材料、精度等方面的要求，而低价位产品则正好相反。这意味着为了满足不同群体的客户需求，生产适合目标市场要求的质量水平的产品，从产品设计到生产采取不同的策略并将其反映在成本中。如果产品规划阶段判断无法实现目标利润，就果断放弃生产。这在"卖方市场"年代是无法想象的。

降低成本与成本规划的区别

降低成本主要是指，改进构成现有产品组成部件的功能和作业方法，以达到节省成本的目的。换句话说，降低成本的大部分活动都是通过价值工程、工业工程等技术改进实现成本削减。

相比之下，成本规划不仅改进了产品规划阶段的功能部件，还改进了包括原材料、合作伙伴、作业方法和采购在内的各方面存在的问题。此外，成本规划已经超出了部门级别的降低成本活动，变成了管理层面的战略性决策，并明确反映了客户需求的变化。

降低成本是从生产者的角度寻找节省成本的方法，成本规划则是从客户需求的变化出发寻找节省成本的方法，这是两者之间最大的区别。

过去，通常认为大型企业不会破产，大部分企业将销售增长视为企业的最高价值。随着许多大型公司的破产，企业开始制定年度利润计划，并从经营的角度规划成本。然而，为实现年度利润目标而采取的方法通常相对抽象，例如"全力以赴降成本，千方百计增效益"等，大多数停留在喊口号的形式上。可以说缺乏实现利润目标的具体的实施方法。

2010 年以后：全面成本管理

在成本规划时代企业在产品开发阶段规划成本，并在生产和销售阶段进行降低成本的活动，力求实现整体利润目标。工业工程，价值工程，5S 等都是其具体的降低成本的方法。到了全面成本管理时期，成本管理的范围从产品规划、开发、设计、生产、销售延伸到了消费者的使用和废弃阶段。

"卖方市场"变为"买方市场"后客户满意度管理（Customer Satisfaction，简称 CS）成为大多数企业的必修课，进而企业需要管理产品的寿命周期成本。

不管是销售者还是消费者，都认为在售后提供周到的服务，并且产品的二手价格较高时产品效用将变得更高。这成为消费者选择产品的另一个标准。此外，人们环境保护意识的逐渐觉醒以及国家加强对重金属的管制等，使得产品的废弃问题变得越发重要。因此，产品的售后管理必须在成本中得到反映。

全面成本管理从产品开发阶段就规划了目标利润，同时在生产阶段采用具体的方法降低成本，并且在销售及售后管理阶段也实施了行之有效的成本消减的方法。与"口号化"倾向严重的成本规划时代不同，全面成本管理时期具体的实施技巧在各个部门中得到了广泛的应用。

二、降低成本的方向

我们已经大致了解了降低成本的时代性趋势。降低成本最大的变革因素是对客户价值认知的变化。企业需要察觉并主动挖掘客户价值，并站在战略角度应对成本管理。

今后，降低成本的因素不仅仅来自客户，还将来自经营环境的变化。具体降低成本的方法可能因公司规模、实力和市场支配地位等因素而有所不同，但有以下几个共同点。

第一，必须是战略性的。全面成本管理不等于在所有领域对所有产品都进行降低成本。同时对所有领域和所有产品推进降低成本活动，很容易变得口号化和形式化。其结果是看似取得了很多业绩，但实际成果并不显著。这里的战略性是指提高降低成本效果的方法，重要的是如何"选择"降低成本的对象并"专注"于选择的对象。

第二，必须是现场实际可行的方法。这里所说的现场不仅是指生产现场，还包括研发、采购、销售等各个职能领域。降低成本活动需要与财务成果相关联，但不必拘泥于会计结果。这是因为实际推进的降低成本的活动，不一定及时反映在财务成果里，有些战略性成本管理甚至很难和财务成果关联（如企业经营方向的选择）。但是，负责成本管理的部门有必要了解这些降低成本的活动如何在财务上有助于企业。

第三，必须涵盖所有的部门。尽管通过战略性选择缩小了降低成本对象的范围，但实施的降低成本的活动必须涵盖所有的部门。如果仅在某一个部门实施，降低成本活动的执行力将不可避免地减弱。降低成本的关键不在于"努力"，而在于"做得对"。

第四，必须是可衡量的。为了使降低成本活动具备可衡量性，必须制定目标，并对实际成果和效果进行考核。目标的制定和考核是推动全面成本管理的主管部门的职责，而全面成本管理带来的实际降低的成本金额的核算，则是执行部门的任务。制定目标并通过财务成果，对全面成本管理的实际效果及时进行考核是降低成本活动成功的关键。

第五，降低成本的效果必须用财务指标显示。这可以看作是降低成本的成果指标。从财务指标可以看出成本降低的总金额对资产的流动性、周转率等的贡献。

通过财务指标说明降低成本的效果时给予员工的成就感，比简单的金额节省数据带给员工的成就感更具有冲击力。让员工意识到自己的努力给企业的财务成果带来多大的贡献，有利于确立员工的主人翁意识，是激励员工的有力手段。

财务指标示例

降低成本对流动性的贡献程度

"流动比率"是用来衡量企业短期偿债

能力的指标，是评估财务结构稳定性的比率。它反映了企业流动资产在短期债务到期以前，可以变为现金用于偿还负债的能力。"流动比率"的计算公式是流动资产（一年内可以变现的资产）除以流动负债（一年内必须偿还的债务）。

降低的成本反映在流动资产的增加。如果没有进行降低成本活动，那么现在的流动资产将会减少，减少的金额正好是降低的成本金额。这可以用以下公式表示：

降低的成本对流动性的贡献程度

$$= \left(\frac{流动资产}{流动负债} \right) \times 100\% - \left(\frac{流动资产 - 降低的成本金额}{流动负债} \right) \times 100\%$$

第三节 降低成本的未来

正如前文所述，降低成本不应仅限于特定部门。开发部门出于性价比的考虑对产品功能部件的改进，生产部门通过工业工程、5S运动等活动消除现场的浪费，这仅仅是全面成本管理的组成部分。与此相比，CEO等高层管理者对经营方向的选择，对成本管理的影响可能会更大。此外，为了确保全面成本管理能够顺利推进，CEO需要从降低成本的角度出发并进行战略性决策。只有这样，整个组织才能行动起来。具体实施这一点，需要具备一些必要的条件。

目标成本管理：降低成本的起点

制定目标成本是实施降低成本活动的起点，为成本管理提供了一个标准。一旦标准确定下来，开发、采购、工程管理等各个部门可以根据标准制定计划并付诸实践。

从制定单一功能部件的目标成本开始，逐步增加部件种类，并进一步扩展就可以制定年度目标成本。此外，还可以根据部门进行划分。如果想进一步系统化，可以整理成矩阵形式的表格。

表 1-2

区 分	研 发	采 购	工序1	……	配 送	合 计
部件 A						
部件 B						
…						
…						
…						
部件 K						
其 他						
合 计						

上述表格中，研发部门或与原材料相关的部门可以划分为功能部件。如果需要，也可以将生产部门划分为工序进行总体管理。

对于目标成本可以按照特定周期（月度、季度、半年度、年度）进行管理。每个周期对目标完成水平进行分析并反馈，将有助于为下个周期内的降低成本活动指明方向。

了解客户价值：战略性降低成本的指示灯

在任何组织或团体当中，少数人对于集体的产出会有不符比例的贡献。大约 20% 的人创造了 80% 的产出，这种现象称为帕雷托效应，几乎在所有的绩效领域中都可以发现这一点。每个组织的资源都是有限的。如果资源是无限的，那么降低成本就失去了意义。经营战略是为了充分利用有限资源以实现最大绩效而制定的一系列计划。同样，降低成本也必须是战略性的。资源应该尽可能地分配到有希望获得绩效的地方。所谓有希望获得绩效，意味着现在的客户价值比过去重要，关注未来的客户价值比现在更有意义。

CEO 的决策：决策对降低成本的重大影响。

CEO 的决策即与"钱"直接关联。降低哪些成本以及如何降低成本，CEO 一旦确定下来将对整体成本管理产生重大影响。根据 CEO 对待推进成本管理决心的大小，部门主管、中层管理人员做出相应的业务决策。同样，工作人员和组织成员也是根据中层管理者决心的大小执行相关决策。这里的 CEO 决策指的不是如何降低成本，而是如何选择效益最高的、能够提高客户价值的成本管理的方向，是战略性决策。

降低成本不仅仅是某个部门，某个实际执行员工的事情，CEO 也必须要直接参与其中。可以说，CEO 是对降低成本的绩效产生最大影响的实际工作人员。

第二章　战略性降低成本

从战略层面降低成本必须要知道成本的基本结构。只有理解了成本的基本结构，才能看到需要节省的成本项目或降低成本的方向。

第一节　成本的结构

一、成本的基本结构

成本基本上由生产相关的"生产成本"和市场营

销、企业管理等相关的"销售费用与管理费用"组成。销售利润加上这些成本，形成销售价格。

　　成本由生产成本和销售与管理费用组成，节省这些成本就是降低成本。以前的降低成本是通过细分生产成本和销售与管理费用的构成要素，采取逐项节省的方法。在本书中，我们准备用更大的视角战略性地寻找降低成本的方法。当然，确定了战略性降低成本的方向后，细分成本项目并逐项节省的方法将紧随其后。

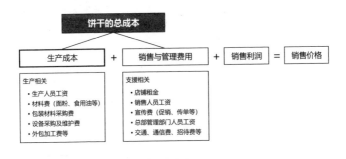

图 2-1

二、生产成本

生产成本是围绕生产现场发生的相关费用，通常是降低成本的主要目标。研究生产成本由哪些项目组成，并实施具体的节省方法是降低成本的主要内容。具体的生产成本项目的降低成本方法不是本书的主要关注点，但有必要了解生产成本相关的知识点。因此，我们对生产成本的结构进行简单的说明。

生产成本 ＝ 人工 ＋ 材料 ＋ 支援

图 2-2

生产成本基本上由人工、材料和支援组成。投入人力的费用称为人工成本。如果人力直接投入产品中，并且可以单独区分，则成为直接人工成本。投入材料的费用称为材料成本，同样，如果材料直接投入产品中，并且可以单独区分，则成为直接材料成本。支援部门发生的费用直接投入或贡献到产品中，并且可以单独区分，则成为直接支援成本。如果无法单独区分或者即使能够单独区分金额也相对较低，则成为间接支援成本。是否可以单独区分，主要取决于投入的资源（人力、材料、支援）能否合理地分配到目标产品中去。

从降低成本的角度来看，区分直接成本和间接成本非常重要。因为两者降低成本的方法和组成的结构不同。直接成本大多是变动成本，而间接成本大多是固定成本。

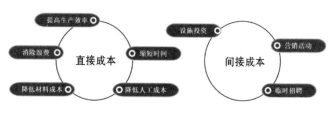

图 2-3

降低直接成本的主要方向是通过提高生产效率、消除浪费来增加生产量、缩短生产时间，以及用合理的生产计划应对客户的订单等方式降低人工成本。此外，还应该通过替代材料的开发、寻找优秀的供应商等方法降低采购成本。

与之相反，降低间接成本的主要方向是，根据企业的实力、行业的发展前景、销售量的增长趋势，判断是否对设备、营销、招聘等方面投入资源。

生产成本通常以直接成本（直接人工、直接材料）和制造费用表示。生产成本分为两种，一种是直接投入产品的项目，一种是没有直接投入产品的项目。材料项目以能否准确地分配到单位产品作为划分直接和间接的标准。

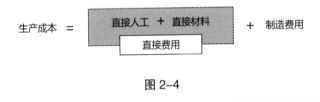

图 2-4

以家具工厂的生产成本来解释，可以更容易理解。

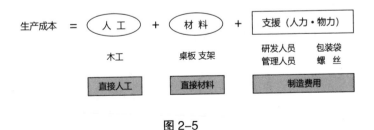

图 2-5

人工：分为直接人工和间接人工

作为一线工作人员的木工直接参与桌子的制作。他们的劳动付出直接投入目标产品，可以合理地划分投入的时间。换句话说，投入桌子、椅子、衣柜等的劳动时间和一定时期的销售额成正比。因此，木工的工资被视为直接人工成本。与此不同的是，负责生产计划和管理的管理人员不直接参与桌子的制作。因此，管理人员的工资被视为间接人工成本。

需要注意的是，维修工人、电工、检验员等人员虽然在生产现场工作，但不直接参与制作产品。因此，他们的工资被视为间接人工成本。

· 直接人工成本

现场工人的工资。

• 间接人工成本

研发、生产、采购、质检部门人员的工资；

车间管理、电工、维修等人员的工资。

＊销售、人事、财务、资金等部门人员的工资

视为销售和管理费用。

材料：分为直接材料和间接材料

桌板直接投入目标产品中，可以轻松区分单位用量。因此，被视为直接材料成本。相比之下，用于保护运输中的产品免受损伤的包装塑料袋，虽然也是产品的组成部分，但很难确定投入每张桌子中的数量。用于组装的螺丝可以明确划分每张桌子中的数量，但

金额不大，因此通常被视为间接材料成本。通常将无法明确划分单位用量或即使能够划分单位用量但金额较小的材料被视为间接材料成本。

- 直接材料成本

  桌板、钢架、塑料辅助板、环（连接扣）、脚轮等。

  * 现实中胶合板、钢架等原材料以及脚轮、环等配件通常以半成品采购。

- 间接材料成本

  螺栓、螺母、包装塑料袋等。

  * 使用说明书既可以分类为销售费用，也可以分类为间接材料成本。通常说明书被视为间接材料成本，而标有注意事项等内容的贴纸

被视为销售费用。现实中根据哪个部门投入
了预算来进行成本的区分。

支援：分为直接费用和制造费用

生产家具需要切割和磨砂，然后进行涂装。这种
涂装有时在工厂内部完成，有时会外包给其他工厂加
工。在这种情况下，外包加工费属于直接投入目标产
品的费用，但既不是人工成本也不是材料成本。这被
称为支援成本，因为它直接投入目标产品，所以被视
为直接支援成本（直接费用）。与此不同的是，通信
费、水电费、办公用品费等不会直接投入目标产品，
但也是在生产目标产品的过程中发生，因此被称为间
接支援成本（制造费用）。

- 直接费用

  外包加工费用等。

- 制造费用

  通信费、设备折旧费、水电费、办公费、设备维护费、厂房折旧费等。

  *办公楼折旧费用视为管理费用。

  *劳务外包费用被视为直接支援成本。

三、销售与管理费用

生产成本是产品生产现场发生的成本。与此不同的是，销售与管理费用和生产没有直接的关系。销售费用是市场营销和销售过程中发生的费用，管理费用是为了维持企业的正常运转所需的管理部门的费用。

可见，销售与管理费用主要是围绕市场部、销售部、企划部、人事部、财务部等部门而产生。

销售与管理费用的发生形式与制造费用（间接支援成本）类似，分类模糊的情况也很常见。因此，必须根据费用产生的原因进行分类处理。例如，水电费在生产过程中也会发生。如果是生产部门使用的，就作为制造费用进行处理，如果是销售或管理部门使用的，就作为销售费用或管理费用进行处理。

四、成本项目说明

为了便于理解成本结构，下面详细解释成本的主要项目。

- 直接人工

  直接人工成本：直接投入生产过程的劳动成本。

- 间接人工

  间接人工成本：与多个工序共享或与产品生产间接相关的研发、生产管理、生产技术、质量管理等部门的劳动成本。

- 直接材料

  直接材料成本：直接用于产品生产并成为主要组成部分的材料。

  部件成本（半成品）：物品本身具有成品特性，不经过额外加工即可直接组装或用于下一步生产的材料。

· 间接材料

辅助材料：虽然直接或间接用于产品的生产，但其重要性较低，不是价格构成的重要因素。根据成本计算的难易程度和重要性，通常将其归类为制造费用。

· 直接支援成本（直接费用）

外包加工费：向外部合作单位供应材料并委托加工而产生的加工费用。

· 间接支援成本（制造费用）

工资：生产部门管理人员及服务人员的工资以及加班费（参考"间接人工成本"）。

福利费：支付给生产相关的员工的福利，包括员工的医疗、健康、娱乐、餐费、教育等费用。

折旧费：与产品生产相关的建筑物、机器设备、设施等固定资产，根据可用年限逐渐减值而产生的费用。

水电费：与生产部门相关的水费、电费、燃料费等费用。

维修费：与生产部门相关的建筑物、机器设备、工具、设施、车辆等的维修和维护费用。

低值易耗品：用于现场工作的工具、管理用具、玻璃器皿、劳动保护用品，以及在生产过程中周转使用的包装物容器等。

机物料消耗：生产车间为维护生产设备等所消耗的各种材料，包括用于机器设备的润滑油，机油、机器的清洁用具等。

租赁费：工厂用土地、建筑物、设施的租金或使用费用。

• 销售和管理费用

工资：市场营销、销售、人事、采购、财务等部门的人工成本。

福利费：支付给销售和管理相关的员工的福利，包括员工的医疗、健康、娱乐、餐费、教育等费用。

折旧费：与销售和管理部门相关的建筑物、办公设备等固定资产，根据可用年限逐渐减值而产生的费用。

水电费：与销售和管理部门相关的水费、电费等费用。

维修费：与销售和管理部门相关的电脑、空调、打印机、复印机、传真机等的修理安装及硬件升级，办公楼和宿舍装修，办公用品移动和安装等费用。

物料消耗：购买硬盘、光盘、软盘等电脑用品，以及插座等维修零件的费用。

差旅费：销售和管理部门的员工出差发生的费用，包括交通费、餐费、住宿费等。

租赁费：食堂房租，会议室租赁，职工宿舍房租，其他的管理和销售部门使用场地时发生的场地费等费用。

业务招待费：销售和管理部门对外招待客户发生的费用，包括餐饮费、礼品费、其他相关等费用。

广告宣传费：用于向不特定人群进行广告和宣传，以促进产品和商品销售的费用。

第二节　什么是降低成本

如果你已经理解了成本结构，那么降低成本的方向可能已经浮现在你的眼前。通常情况下当提到降低成本时，大多数人会考虑如何根据成本结构逐项削减成本。然而，采用这种逐项削减的方法会导致很多方面被忽略。降低成本的方法包括减少投入成本，以及提高生产效率从而增加生产数量实现降低单位成本。

如果选择逐项削减的方法，那么降低成本的活动很可能倾向于减少投入成本，而忽视提高生产效率以及不可见的战略选择导致的机会成本的浪费。

根据成本结构逐项降低成本是可取的方法。但采用这种方法之前，应从战略层面制定降低成本的方向。换句话说，从企业经营的战略层面，逐渐移动到战术层面并找到具体的成本降低点。这是因为战略层面的决策比战术层面的众多决策对成本金额的影响更大。

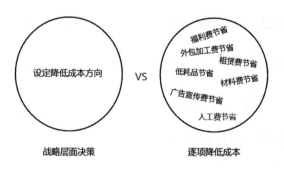

图 2-6　战略层面和战术层面降低成本对比

战略性降低成本的必要性

决策带来的损失不会反映在成本里。CEO、公司其他高管、部门经理、团队负责人和执行人都在各自的职位上做出大大小小的经营决策。这些决策的结果对生产流程和成本产生重大影响。然而，只有决策的结果反映在成本里，而埋没的决策带来的损失不会反应在成本里。正因为如此，战略性的降低成本非常重要。

从 CEO 到执行人各层级的哪些决策如何影响成本，这是必须要考虑的问题。决策内容及其对成本的影响简要总结如下。

- CEO 及其他高管

  人力配置：分配符合岗位要求的人员并培训 → 提高生产效率

  大型设备引进：引进适当的设备 → 提高生产效率及避免因故障增加成本

  新的生产方式的引入或放弃：引入成功 → 提高生产效率 / 引入失败和放弃 → 降低生产效率

- 部门经理（生产）

  设备引进：设备引进成功或发生故障 → 提高或降低生产效率

  生产计划和管理：根据市场需求制定计划 → 减少库存

  投入 / 产出管理：稳定投入 / 产出 → 减少原材

料的浪费成本

生产进度控制：精准的控制 → 按时交货和减少库存

产能和生产能力的平衡：合理的平衡管理 → 快速响应客户需求

供应商的选择和管理：选择稳定的供应商 → 提高生产效率和按时交货

员工激励：适当的激励 → 提高生产效率和节省培训成本等

· 执行人（生产）

生产管理和指导：生产效率分析、预测和指导 → 减少人工成本，减少库存

发生生产中断：迅速应对或应对失败 → 减少

人工成本或浪费

紧急生产管理：合理的调度 → 减少人工成本，按时交货

合理的质检：执行合理的质检 → 减少失败成本

管理一线工人：合理的调度和管理 → 减少人工成本，提高生产效率

第三节　战略性降低成本

正如前面所提到的，虽然逐项削减成本的方法很重要，但从战略层面上选择降低成本的方向更为重要。

大多数降低成本是围绕生产过程展开的，尝试从战略高度接近成本管理将会发现效果更加明显。

通过波士顿矩阵进行决策

波士顿矩阵是由美国波士顿咨询集团（BCG）设计并广泛应用的企业经营战略之一。它将市场增长率和市场份额作为两个轴，将每个业务（产品）的位置进行分类，并从公司整体现金流平衡的角度，思考如何对众多的业务进行资源分配。通过这种方法进行的决策对资源分配和现金流，以及对降低成本的方向产生重大影响。

波士顿矩阵是纵轴表示市场增长率，横轴表示相对市场份额的矩阵。

· 市场增长率：表示企业所在产业某项业务前后两年市场销售额增长的百分比。通常用 10% 或 15% 平均增长率作为增长高、低的界限。

· 相对市场份额：表示本企业在产业中的相对市场占有率（以企业某项业务的市场份额与这个市场上最大的竞争对手的市场份额之比），相对市场占有率的分界线为 1.0（在该点本企业的某项业务与该业务市场上最大竞争对手市场份额相等），划分为高、低两个区域。

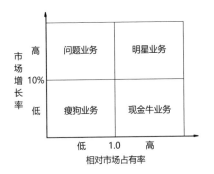

图2-7　波士顿矩阵

• 问题业务：存在问题或有疑问的业务，市场增长率高，但相对市场份额低。要维持这个业务，需要投入大量资金。为了保持高市场增长率并提高相对市场份额，需要资金支持。

• 明星业务：市场增长率和相对市场份额都很高的业务，资金大量流入。由于市场不断增长，为了保持和发展相对市场份额需要不断投入资金。通常，现金流入大于投资。

·现金牛业务：市场增长率低，但相对市场份额高的业务。由于市场增长率低，本身不需要投资，反而能为企业提供大量的资金，用以支持问题业务和明星业务的发展。

·瘦狗业务：市场增长率和相对市场份额都很低的业务。由于市场增长率低，不需要投资，而且相对市场份额也低，几乎没有现金流入。这类业务最好尽快退出。

从波士顿矩阵的角度来看，降低成本有两种不同的战略。考虑外部环境的变量和仅考虑内部能力的情况。

（一）不考虑外部环境变量的情况

在不考虑外部环境变量的情况下，基本上遵循波士顿矩阵模型的经营战略。在这种情况下，降低成本的方向会因业务的不同而不同。

• 问题业务

围绕是否要抓住市场的新机会进行决策，基本上需要投资。由于是业务初期，降低成本的方向主要集中于通过投资强化研发，改变材料性价比，开发替代品；通过不断试错提高精度，寻找优秀的合作伙伴，积累技术和培养人才等。由于市场具有足够的增长潜力，此时提高相对市场份额至关重要。将来问题业务成长为明星或现金牛业务时，这些投资为创造有竞争力的成本打下坚实的基础。此外，还需要增加对市场营销部门的投资。

· 明星业务

明星领域的业务通常具有高增长率和高市场份额，会产生大量的现金流入，同时为了扩大市场份额需要进行大量投资。降低成本主要围绕研发部门和生产部门进行，包括不断开发替代材料、通过价值工程减少不必要的功能、不断更新产品、投资生产线设备和改进生产线、减少浪费、培训熟练工人等。通过生产计划、指示、控制和分析来提高生产率。通过质量管理减少浪费，并提高产品的可靠性等。对市场营销的投资保持与过去相同的水平，并专注于能够提高相对市场份额的产品。

· 现金牛业务

现金牛领域的业务通常具有较低的增长率和较高的市场份额。由于竞争对手的增长率也较低，因此不需要进行额外的投资。市场份额可能维持现状，也有可能略有增加。最近维持现状的周期在不断缩短，原因是更新及替代产品出现的频率明显加快了。此时，相对于投资更应关注如何维持现状。降低成本主要围绕生产现场进行。现金牛领域的生产线通常积累了相当多的经验，生产更多依赖于设备而不是人。因此，生产现场需要关注设备的开工率和维护等。此外，还需要考虑如何缩短生产线。由于现场积累了相当多的

经验，因此需要通过宝贵的经验和技术减少生产现场
的浪费。现金牛时期还需要引入能提高生产和质量管
理能力的信息化系统和程序，并注意管理合作单位的
稳定性。但是，对市场营销部门的投资应减少。

· 瘦狗业务

瘦狗领域的业务通常具有低增长率和低市场份
额。现金流出往往超过现金流入，大多数情况下是达
到了事业的极限。因此，应该停止额外投资并考虑短
期内撤出。在这种情况下，首要考虑的是确定退出的
时机，并重点关注相关设施和人员的重新分配。需要
考虑如何利用当前生产线或者考虑设备的搬迁、出售
等。员工往往是熟练工人，可根据其技能水平和能力
进行重新分配。对市场营销部门的投资和人员管理，

可以采用与生产部门类似的处理方法。

（二）考虑外部环境变量的情况

外部环境千变万化。这些不同的环境变化又对经济产生大小不等的影响，主要表现为经济繁荣期、经济停滞期和市场变化期（转型期）等。根据不同的时期，企业的经营战略和降低成本的方向也会有所不同。

◎繁荣时期：集中投资于问题和明星领域

经济繁荣时期，扩大市场份额是最重要的。尽管现金流入最多的是现金牛领域，但短期内问题和明星领域超过现金牛的可能性更大。经营战略上投资优先，而降低成本集中在采购和生产部门并且主要采用提高生产效率的方法。市场营销相关的部门应该增加投资。

图 2-8 波士顿矩阵

• 问题业务：通过集中投资加速成为明星业务

降低成本方向：

为应对突然增加的生产量，需要进行技术和技

能培训；

初期故障原因分析和排除；

对初期市场的客户需求进行反馈和改进。

• 明星及现金牛业务：明星领域需要投资新设备以增加产量，并迅速扩大市场份额。现金牛领域通过大规模的弹性人员补充，以应对增加的生产量。

降低成本方向：

由于生产量不断增加，要特别注意防止突发的停产事故（合作单位管理、内部供应管理、生产计划和生产效率管理等）；

需要引进新设备以及维护老化设备，并强化安全性管理；

通过工业工程活动改进作业方法和消除浪费。

• 瘦狗业务：可能出现零星需求，可以选择性退出。

降低成本方向：

考虑如何更好地使用当前生产线，迁移或出售

设备等；

重新分配熟练工人；

限制对市场营销部门的投资。

◎ **停滞时期：专注于现金牛业务，有选择性地投**

资明星业务

经济增长停滞并且经济低迷持续时间较长时，保

持业务能够正常运营非常重要。与其培养新市场，不

如专注于特定领域更为切合实际。要着重维持现金流

入最大的现金牛领域，并投资明星领域的市场营销确

保现金流入的稳定。对于瘦狗领域，最好选择退出以

减少成本负担。而对于问题领域，有选择性投资要比积极投资更适合。市场增长势头已经停滞的情况下，主要目标要放在维持现有的市场份额，因此需要努力降低成本。在明星领域，需要进行替代品开发以及删除不必要的功能等价值工程活动，而在现金牛领域，降低生产部门的浪费和通过生产计划降低人工成本也至关重要。

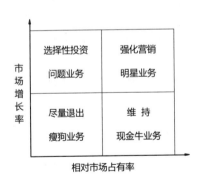

图 2-9　波士顿矩阵

· 问题业务：由于新产品进入市场非常困难，因此选择性地投资可能性较大的项目，而不是全面投资。

降低成本方向：

初期故障原因分析和排除；

剔除低价值功能并开发替代品。

· 明星及现金牛业务：提高明星领域的营销能力，确认需求后应通过弹性雇佣来满足产量，而不是投资新设备。现金牛领域相比产量管理，产品的质量管理更为重要。

降低成本方向：

减少生产线的浪费和改进作业方法；

通过生产计划和生产率分析等方式降低人工

成本；

通过价值工程活动剔除不重要性的功能、开发

替代品等。

• 瘦狗领域：尽量退出以减少成本负担。

降低成本方向：

考虑当前生产线的充分利用方法、设备迁移或

出售等；

熟练工人重新分配。

◎ **市场转型期：专注问题业务，明星及和现金牛**

业务加大投资研发

　　近年来，给生活带来重大变革的事物以较短的周期频繁发生。20 世纪 90 年代后期开始的互联网普及和 2007 年左右开始的智能手机的普及，2010 年以后层出不穷的移动互联网产品就是典型例子。日常生活以及商务方式、购物、物流、企业管理方式等几乎所有方面都在不断变化，而这种变化的趋势周期越来越短。在这种时期，不仅是企业经营方式，产品也要快速适应变化。在这种时期，即使在市场份额方面处于领先地位的公司也可能在短时间内消失，而新兴公司则可能迅速崭露头角，成为新的市场领导者。这意味着左右企业命运的时间变得非常短。

　　在这种时期，要选择符合大趋势的研发投资。问题业务需要集中投资，作为现金流入主要来源的明星和现金牛业务也要根据市场发展的趋势进行投资。对于瘦狗业务，需要评估其市场潜力，如果没有潜力就应尽快淘汰。需要注意的是，即使在研发投资较少的情况下，也可能出现具有市场潜力的产品。降低成本应集中在明星和现金牛领域，通过改进产品功能和运营方式提高效率。这个时期降低成本方向的选择，可能对企业的命运产生重大影响。因此，应该从潜在市场的大局出发充分考虑问题，而不是只看眼前的利益。

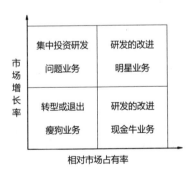

图 2-10 波士顿矩阵

· 问题领域：集中投资于能够占领新市场的产品或改进现有产品功能。

降低成本方向：

分析和排除新产品或改进产品的初期故障原因。

· 明星和现金牛领域：需要注意替代产品出现的可能性以及选择能够适应新趋势的有效运营方式。可能提供抢占市场的机会，也有可能在短时间被市场淘汰。因此，需要慎重考虑基于研发的投资。

降低成本方向：

改进或建立适应新趋势的生产运营方式；

通过引入新的运营方式，提高生产效率和降低人工成本；

通过研发和价值工程活动，改进现有产品或开发替代产品等。

• 瘦狗领域：评估在市场发展的新趋势下，能否将其发展成问题业务。如果没有希望就迅速退出。

降低成本方向：

考虑如何更好地使用当前生产线，迁移或出售设备等；

熟练工人重新分配。

通过波士顿矩阵进行决策，可以看出根据不同情况，企业的应对方法和降低成本方向是不同的。CEO或公司高管通常被认为不是降低成本的执行主体，但实际上他们处于最重要的位置。根据不同的情况，CEO需要做出不同的决策。根据 CEO 的决策，高管、部门经理和实际执行人员采用不同的降低成本方法。相对于"全力以赴降成本，千方百计增效益""成本乃公司之根本，节约成本势在必行"等空洞的口号，CEO 正确的决策才是企业最佳的降低成本方法。

第四节　生产决策和降低成本

帕累托法则（80/20 法则）认为大多数现象是由

少数原因引起的。因此，在降低成本时，精力集中在重要领域比在所有领域都进行操作更为有效。这种决策应由实际执行者做出，PQ 分析和 ABC 分析是应用于采购和生产部门的最具代表性的方法。

一、用 PQ 分析筛选降低生产成本的核心对象

产品数量（ProductQuantity，简写 PQ）分析是对生产的产品按照数量进行分类，然后根据分类结果对生产车间进行布局优化的方法。通常分为 A、B、C 三个区间。根据企业的特性会有所不同，但通常的累积比例是 A 区段为 65% ～ 80%，B 区段为 10% ～ 25%，C 区段为 5% ～ 10%。

A 区间	65%~80%
B 区间	10%~25%
C 区间	5%~10%

图 2-11

　　下图显示了月度生产量及其对应的累计生产量比例。根据企业的实力、特性、客户重要性等因素，A、B、C 分区的比例可能有所不同。下图中，A 区间对应累计 69% 的 a、b、c，B 区间对应累计 24%（93%～69%）的 d、e、f、g，C 区间则包括其余 7%（100%～93%）的 h、i、j、k。

表 2-1

品种	a	b	c	d	e	f	g	h	i	j	k
数量	300	220	170	90	70	40	40	35	20	10	5
累计	300	520	690	780	850	890	930	965	985	995	1000
比例	30%	22%	17%	9%	7%	4%	4%	4%	2%	1%	1%
累计比例	30%	52%	69%	78%	85%	89%	93%	97%	99%	99%	100%
分区	A 区间			B 区间				C 区间			

A 区间适合少品种大量生产的连续生产线，可以引进专用设备等。B 区间适合中品种中量生产的批量生产线，可以引进组合设备或外包给合作单位等。C 区间适合多品种少量生产的混流生产线，可以采用机群布置，必要时也可以考虑外包。根据区间的不同，生产计划、控制、生产指令、技术工人的培训和生产线布局等都应该有所不同。生产管理和工序管理的差异也需要不同的降低成本的方法。所有区间采用相同的降低成本的方法，其本身很可能就是一种浪费。

根据 PQ 分析的结果，确定降低成本的方向大致分为两个步骤。一是确定重要区间，二是确定各区间内的有效方法。公司的主要产品位于 A 区间。相应的，降低成本的效果在 A 区间的产品中也会体现得非常明显。C 区间的产量占总产量的 7% 左右，因此降低成本的效果相对不明显。在实际工作中，A 区间的品种数量可能占到 10% ~ 30%，B 区间可能占到 20% ~ 40%，C 区间可能占到 30% ~ 70%。C 区间的品种数量通常有 50% 左右，但生产比重往往只有 10% 左右。因此，在品种数量众多而生产量较低的地方采用类似 A 区间的降低成本方法是对资源的一种浪费。

• 确定降低成本的重点对象

降低成本的主要对象，毫无疑问是 A 区间的产品。A 区间需要投入各种方法和资源，相应的成果也是最显著的。A 区间占据了总生产量的 65% ~ 80%。每天都有采购入库，生产线不间断生产，合作单位

不间断供货。相反，C 区间的生产量只占总生产量的

5% ~ 10%。公司内部的生产活动是间歇性的，采购

入库的周期相对较长。因此，降低成本活动的过程中

很难了解情况。了解情况的困难最终导致降低成本的

成果难以实现。因此，效果也相对不明显。

A 区间	65%~80%	重点关注
B 区间	10%~25%	关注主要品种
C 区间	5%~10%	关注管理方法

图 2-12

　　如果 A 区间的产品是降低成本的重点关注对象，

那么 B 或 C 区间应该采取有选择性的管理。B 区间

应该以未来有可能成为重点产品的品种为中心进行管

理，而不是关注所有产品。从波士顿矩阵的角度来看，

这些产品很可能位于问题或明星区域。这些产品在未来有很大可能带来现金流入，而且生产量也会增加。也就是说，经过一段时间后，它们很可能会进入 A 区间。对于这些产品，提前引入降低成本的方法，采用精益生产管理，其成果将会在未来显现出来。

C 区间的产品是现金流入的可能性较低的产品。相当于波士顿矩阵中的瘦狗区域和问题区域的产品混在了一起。这些产品有可能被淘汰，也有可能进入明星区域。此外，尽管现金流出比现金流入还多，但有时不得不生产以满足客户需求。对这些产品投入大量经费进行降低成本活动，可能会导致另一种浪费。因此，需要考虑将现有设备用于其他用途或出售等，并重新分配熟练工人以降低人工成本。此外，由于产量不高，库存材料需要长期保管，难免会出现自然老化的现象。因此，需要考虑如何安全管理库存材料。

• 各区间的生产方式和降低成本方法

A、B、C区间的生产量不同，因此，生产方式、设备、装配工艺、内部物流、人员配置、库存管理、合作单位管理以及生产计划、指令、控制等大多数管理方法都不相同。必须理解这些差异，才能合理地选择符合各区间的降低成本方法。通常人们不将生产计划视为降低成本的行为，但实际上它对降低人工成本和提高生产效率等方面有很大的影响。每个区间都有不同的降低成本的方法，具体如下：

1. 生产方式

表 2-2

区间	生产方式	特 征	降低成本方向
A	少品种大量生产	连续生产线	• 缩短节拍时间
	少品种单元生产	组装线	• 单元技工培训
B	中品种中量生产	批量生产线	• 减少生产线替换时间
C	多品种少量生产	混合生产，机群布置	• 减少设备替换时间 • 缩短工时

2. 生产设备

表 2-3

区间	生产方式	特 征	降低成本方向
A	专用设备	机械为主，人员为辅	• 缩短节拍时间 • 改进作业方法
B	部分专用设备	定期替换生产线 部分外包	• 缩短节拍时间 • 减少替换设备时间 • 生产计划，作业指示
C	通用设备	外 包	• 开发优秀供应商 • 生产计划，交货期管理

3. 供应商和库存管理

表 2-4

区间	供应商	特 征	降低成本方向
A	稳定的供应商 系统化管理	持续的业务 入库数量大	• 供应商质量管理 • 追求零库存(JIT)
B	质量和交货期 稳定的供应商	交货期较长	• 交货时间，质量管理 • 防止库存自然损耗
C	质量和交货期 稳定的供应商	容易采购 品种多样	• 零部件共享 • 防止库存自然损耗 • 数量导向的库存管理

4. 生产计划、指示、控制和生产效率管理

表 2-5

区间	生产管理	特 征	降低成本方向
A	生产计划·指示 基于计划的控制 生产效率管理	长短期计划 以周为单位管理 生产效率	• 产能和人工成本 • 效率和生产能力
B	生产计划·指示 弹性控制 生产效率管理	中期计划 以月为单位管理 生产效率	• 缩短生产线、设备替换时间 • 人员的灵活分配
C	根据客户需求的 计划·指示 交付期导向控制 个体生产效率无意义	短期计划 控制交付期	• 遵守交付期，防止违约

5. 现场创新和改进活动

表 2-6

区间	现场	特 征	降低成本方向
A	创新活动和改进活动并行	节拍时间缩短效果显著	• 缩短节拍时间 • 改进设备
B	改进为主	生产线替换时间缩短效果显著	• 缩短生产线替换时间
C	库存管理、生产线替换为主	5S 管理效果显著	• 库存管理（5S） • 缩短生产线替换时间

PQ 分析通常用于确定公司的主要产品，以及生产计划、指示、控制和生产效率的管理。想提高降低成本的效果，从一开始就要考虑不同产品采用不同的方法。这时，PQ 分析是一个非常有用的工具。

二、用 ABC 分析降低材料的管理成本

ABC（Activity Based Classification）分析通常用于库存管理。一辆汽车包含超过 2 万个零部件。要以相

同的方式管理这么多零部件，需要大量的人力和系统支持。这将导致高昂的人力成本和管理上的浪费等问题。汽车的核心零部件发动机与非核心零部件螺丝，需要采取不同的管理方法。

ABC 分析方法

ABC 分析有两种方法，一种是以投入生产线的材料数量为中心进行分析，另一种是以金额为中心进行分析。最近，以金额为中心的分析方法更为流行。该方法根据零部件的货币价值将其分为 A、B、C 三组，并寻找与之相适应的有效管理方法。各组的比例大致为 A 组 70% ～ 80%，B 组 10% ～ 25%，C 组 5% ～ 10%。

A 组	70%~80%
B 组	10%~25%
C 组	5%~10%

图 2-13

ABC 分析的步骤简单，可以使用诸如 Excel 等办公软件整理。下面简要介绍一下分析过程：

· 收集与材料相关的数据

通过 ERP 系统获取所有零部件列表

确定特定期间（通常为 1 年）的各零部件使用量

获取各零部件的成本数据

· 计算特定期间内各零部件的总使用金额（零部件成本 × 使用量）

· 根据使用金额进行排序

· 根据 A、B、C 三组的比例进行等级分类

下图是按照金额标准整理的，一年内使用的材料

统计表。

表 2-7

(单位: 万)

材料	a	b	c	d	e	f	j	h	i	j	合计
单价	15	8	5	4	3	2	1	0.5	0.1	0.05	-
数量	100	110	100	70	80	90	90	110	150	200	1100
金额	1500	880	500	280	240	180	90	55	15	10	3750
比例	40%	23%	13%	7%	6%	5%	2%	1%	0.4%	0.3%	100%
累计比例	40%	63%	77%	84%	91%	95%	98%	99%	100%	100%	-
分区	A 组(77%)			B 组(18%)			C 组(5%)				

和 PQ 分析一样，A、B、C 组的比例可能会有所

不同。在此示例中，A 组累计占 77%，包括 a、b、c；

B 组占 18%，包括 d、e、f；C 组包括 g、h、i、j 等

其他零部件。

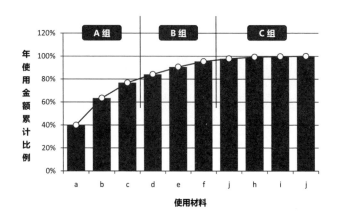

图 2-14

确定了 A、B、C 三组后，根据零部件的重要性、数量的不同，管理方法也应有所不同。在这个示例中只涉及了 10 个零部件，但在企业现场可能需要处理 2 万多个不同的材料。因此，对于重要和相对不重要的零部件，需要采取不同的管理和改进方法。

・确定优先目标和各组的降低成本方向

在管理中，首要目标显然是 A 组。尽管 A 组的零部件数量大多在 30% 以下，但年度使用金额占到了 80%，并且大部分都是核心部件。相比之下，C 组的零部件品种和数量在 60%-70% 左右，但金额占比相对较低。由于各组具有不同的特性，因此降低成本的方法也应有所不同。

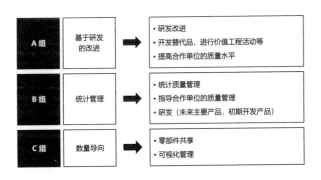

图 2-15

· ABC 各组降低成本的方法

A 组

A 组主要由核心零部件组成，需要从研发的角度进行改进。通过价值工程等活动，开发替代品、消除多余功能、整合重复功能等方法降低原材料成本。还需要对提供零部件的供应商的质量、成本和交货期提出改进要求并进行监督，必要时可以提供指导。然而，通过和供应商的谈判，强迫对方接受过低的交货价格，以此达到降低成本的行为并不可取。过低的交货价格会导致互信不足。这就像剃刀质量一样，有时候看似很划算的刀片，实际上会划伤皮肤引发不良后果。

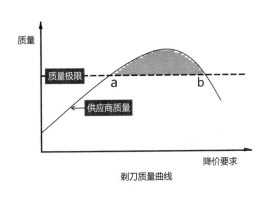

剃刀质量曲线

图 2-16

　　剃刀质量曲线是一个简单解释剃刀质量走向的图表。降价要求在初期会对供应商产生出于危机感的正面效应。这个时期是从降价要求开始到 a 时点。这个时期企业和供应商之间存在一定程度的信任。供应商一半出于客户的压力，一半出于自身的动力愿意分享生产信息。虽然这种信任度较低，但质量水平逐渐提高。这种质量水平的提高，依赖

4ot

于为了应对降价而投入的质量成本。然而，随着降价压力的增加，供应商会逐渐产生一定程度的抵抗情绪，进而区分要公开的信息和要隐瞒的信息。当达到 a 点时，供应商已经投入了相当程度的成本来提高质量水平。这个时点就是供应商的极限质量。极限质量水平是指可以满足降价要求的同时又能保证质量的水平。即满足降价的前提下，为提高质量水平所需投入的成本已达到极限。

在时间点 a，再次收到降价要求时，供应商通常会隐藏质量、生产效率、现场故障、4M 变化等信息，有时还会提供歪曲的信息。采购商也需要付出成本来辨别这些不实的信息。供应商可以忍受的极限降价时间点是 b，但此时无法确定质量水平是提高了还是下降了。从超过极限质量水平的a点到b点的区域，表示剃刀存在可能会在脸上造成伤害的风险。隐藏的信息和歪曲的信息就是造成这种伤害的原因。伤害的形式包括残次品、不稳定的质量水平、不确定的交货期、不稳定的使用寿命（低可靠性）等。

过了时间点b，由于过度的降价要求企业和供应商之间的信任将受到损害。进一步提高质量水平，将造成供应商无利可图。在这一时刻，供应商提高质量水平的努力已达到极限，质量水平可能开始下降。虽然质量下降的程度不会显著，但供应商可能用偷工减料、降低人工成本等方法来应对降价要求，并开始寻找其他交易伙伴。

防止剃刀质量下降的方法是，通过建立企业和供应商之间互信的合作关系，引导供应商提高质量水平，并确保其获得合理的回报。

"剃刀质量"不是质量管理领域里的学术用语，是针对中小企业应对降价要求感到疲惫的现象而提出的行业术语，理论支持稍显不足。因此，如果读者有异议，可以表达自己的意见。笔者希望将其普及让更多的人了解，以便实现中小企业和大企业携手共同发展。

所有的产品都自己生产将面临着增加重资产的负担，最终导致金融风险。这使得企业难以应对不断变化的市场环境，可能会面临资金周转困难甚至破产的危机。为了避免这种风险，除了研发功能外，其他生产都依赖于供应商。也就是说，供应商的生产能力就是企业的生产能力，最终影响企业的竞争力。

A 组产品的降低成本效果远远超过其他组的产品。毫无疑问，A 组是降低成本的首选对象，需要集中力量管理成本。集中力量有两个方向，分别是研发和提高供应商的质量水平。

B 组

如果 A 组需要的是基于研发的管理，那么 B 组需要的是基于统计的质量管理。当然，B 组中也有需要从研发角度进行管理的产品。比如，可能会成为未来主力的产品，或者还处于开发初期阶段仍然需要性能改进的产品。除此之外，其他产品则需要从统计的角度进行质量管理，以及引导供应商提高质量水平。

B 组的材料虽然只占据了 10% ~ 25% 的金额比重，却拥有相当数量的品种。对于这些材料基本原则是保证质量，具体方法是采用基于统计的质量检验方法筛选不合格品以及指导供应商提高质量水平。降低成本的方法不仅包括改进材料的性价比，还包括防止生产残次品以减少材料的浪费，以及防止生产线停工以减少人工成本的浪费。在 B 组中执行基于统计的检验方法，就可以获取供应商的质量水平、发展趋势等信息。根据这些信息可以有针对性地指导供应商提高质量水平。

C 组

C 组所占的金额比重很小，但品种数量却异常繁多。这些材料的特点是几乎不对产品的质量产生重大影响。因此，管理这些材料的重点是确保在生产线上不会出现短缺情况。实现这一点重要的是要采取措施，使管理变得直观可视化，比如使用双料箱系统等。

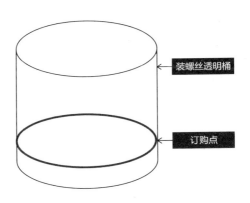

图 2-17　可视化管理

上图显示了管理 C 组材料的有效方法。对产品质量影响不大的螺丝等材料，重要的是防止在生产线上出现短缺的情况。

对 C 组材料采用可视化管理的目的是，让每个人都可以通过肉眼来判断采购材料的时间点。尽管这些材料的价值很小，但如果出现短缺将会导致生产中断或无法按时交货的情况。而一旦出现这种情况，将造成巨大的浪费甚至失去客户。遗憾的是这种情况经常在生产线上发生。

管理 C 组材料的另一个方法是减少品种。减少品种意味着减轻投入的精力。不重要的品种应该尽可能减少。要做到这一点，应该将具有类似功能的材料进行通用化。以螺丝为例，只要达到足够的连接强度确保安全系数，就应推动标准化以实现零件的通用化，从而减少管理零件的品种。基于标准化实现的材料通用化，对消费者的使用也产生很大影响。

在手机普及的早期，不同品牌的手机有不同规格的充电器，甚至同一家公司的不同手机之间也存在差异。消费者需要为不同的手机购买不同的充电器。如果旅行或出差时忘带充电器，想找个相同型号的充电器是一件很麻烦的事情。一些公共设施也要同时提供不同型号的充电器，以满足不同手机的需求。其结果是管理的对象增加了，管理的成本也增加了。

三、生产线和瓶颈工序的改进

有一些常见的交通拥堵区域，其他道路交通畅通无阻，但特定区域经常发生交通拥堵。这些拥堵区域大多有结构性问题，如多条道路的交汇的地方、车道减少的地方、高速公路收费站、靠近红绿灯的地方等。想要提高车流量，就需要改善这些常见的交通拥堵区域。改善已经畅通的道路是没有意义的，这等于浪费了机会成本。

生产现场也是如此。生产线按业务部门划分，并分为科室、组、班等单位。最近，随着单元生产方式和外包的增加，生产线的结构发生了许多变化，但大多数仍然保持着科室、组、班的形式。生产线如果没有拥堵点，一切流通顺畅，那么生产效率就会提高。然而，大多数生产线都存在工序安排不平衡的问题，引发库存、等待、搬运等浪费的发生。在生产现场，人们为了消除这种不平衡会不断进行改进活动，并且取得了相当大的效果。需要注意的是，有时候进行的改进活动也可能是一种浪费。比如，在本已畅通无阻的车流量较大的地方增加车道。

◎ 节拍时间

节拍是一个音乐术语，意思是按一定时间重复出现的一系列拍子。节拍时间是从这个概念演变而来的。一个拍子，也就是生产一个产品所需的时间。更准确地说，是客户拿到一个产品所需的时间。要理解节拍时间，必须先了解正常时间、标准时间、周期时间、瓶颈时间等概念。

正常时间

正常时间是指单位工序中，在标准工作方法和标准工作条件下，一个熟练工以正常速度生产一个单位合格品所消耗的时间，不包括故障、休息等停工时间。可以说是单纯创造价值的时间。正常时间分为作业时间和前后准备时间，作业时间又分为基本时间和辅助时间。根据情况，有时会将前后准备时间从正常时间中排除。

- 基本作业：工序中的主要操作。

（例如：加工、切割、组装等）

- 辅助作业：为保证基本作业的实现而进行的各

种辅助性操作。

（例如：材料的摆放、去除、测量、检查、机械操作等）

·前后准备工作：每批次或每天开工 / 结束前需要准备的工作。

（例如：加热、替换、调试等）

标准时间

正常时间加上放宽时间即是标准时间。放宽时间包括个人因素（如疲劳缓解、喝水等）和非个人因素（如作业放宽、现场放宽等）。

·疲劳放宽：用于缓解工作引起的疲劳，以准备下一项工作。

（例如：为了缓解疲劳的休息）

• 生理放宽：根据生理现象需要的缓冲时间。

（例如：饮水、吸烟、闲聊等）

• 作业放宽：与基本作业相关，但不规律且没有标准化的操作。

（例如：搬运、补给、工具整理、设备空转等）

• 现场放宽：因管理需要或管理失误而导致的现场特有的占用时间。

（例如：早晚清扫、会议、沟通及指示、填写日报等）

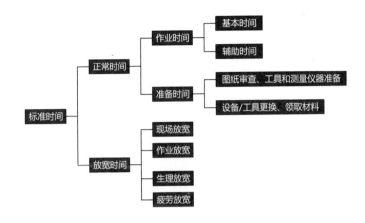

图2-18　标准时间分析图

周期时间

周期时间是在单位工序中按照标准时间进行操作所消耗的时间。如果说标准时间是理论上的时间，那么周期时间是实际发生的时间。出于降低成本目的缩短周期时间，实际上是缩短标准时间。因此，要缩短周期时间，首先要缩短理论上的标准时间，然后再测量由此产生的周期时间。

瓶颈时间

耗时周期时间最长的工序被称为瓶颈工序。瓶颈工序就是发生交通拥堵的地方。连续生产工序的前提下，理论上生产一个产品需要的时间等于瓶颈时间。然而，在一般的生产工序中，通常会因故障、等待、意外事件等原因，导致所需时间超过瓶颈时间。

现实中，生产时间和瓶颈时间以及节拍时间经常被混淆使用。生产时间是指从客户下订单到交货的总时间。以生产工序为例，生产时间是从第一个工序到最后一个工序所需的时间之和。

节拍时间

当发生交通拥堵时，脱离拥堵所需的时间理论上是前面的车辆一个接一个离开的时间的乘积。但实际所需时间远比这更长。插队、驾驶不熟练、车辆之间不规律的间隔，再加上故障或碰撞等意外事件，都会导致所需时间超过预期。在生产现场，理论上应该每隔瓶颈时间生产一个产品，但实际上需要更长时间。发现残次品、暂时停工、突发设备故障等各种原因都会消耗生产时间。节拍时间就是考虑了这些额外的时间。从客户的角度来看，节拍时间就是供应商供给一个产品所需的时间，即单位生产时间。

下图由 5 个工序组成，其中周期时间分别为 25 秒、35 秒、15 秒、20 秒和 25 秒。此时，瓶颈工序为第二个工序，瓶颈时间为 35 秒。理论上生产一个产品需要 35 秒。但在生产现场，由于多种因素导致增加了 10 秒的时间。因此，节拍时间变成了 45 秒。即生产一个产品所需的"一个节拍的时间"是 45 秒。

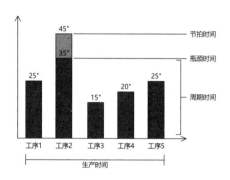

图 2-19　节拍时间分析图

计算正常时间、周期时间、瓶颈时间、节拍时间的方法如下所示。

表 2-8　生产相关时间的计算方法

分 类	定 义	计算方法
节拍时间	在工作时间内生产一个产品所需的时间	工作时间/生产数量
瓶颈时间	整个工序中周期时间最长的工序的时间	观察值
周期时间	单位工序所需的时间	观察值
正常时间	按照标准方法作业时所需的最少的时间	最少作业时间

节拍时间通过总工作时间除以总生产量来计算，这个计算公式有着重要的意义。节拍时间也可以像瓶颈时间和周期时间一样采用观测值。但从被供应企业（客户）的角度来看，观测值只能被视为理论值。因此，必须根据实际生产数据来确定节拍时间的标准。节拍时间是客户管理供应商生产能力的非常重要的工具。

客户用总工作时间除以总生产量计算节拍时间，但供应企业不能采用这种简单的计算方法。缩短节拍时间意味着可以提高企业的单日生产能力。客户拥有生产相同产品的其他企业的数据，在进行不同企业的数据对比后，客户更倾向于选择节拍时间较短的企业。对于客户来说供应商就是整个生产线上的一个工序，为了抓住稍纵即逝的市场机会，需要的是对各种商品订单和交货期的快速反应。因此，有时需要处理紧急订单。通常单日生产能力高的企业，具备了较高的紧急订单处理能力。此外，较短的节拍时间意味着投入的成本也相应较低。因此，客户重点关注节拍时间并选择节拍时间较短的供应商。

◎ 瓶颈工序改进的效果

扩建没有车辆拥堵的道路并不能实现车流的顺畅，这可以被视为是过度投资造成的浪费。生产现场也是如此。在周期时间短的工序里投入资源进一步缩短周期时间，对缩短节拍时间毫无用处。其结果是浪费了投入的资源。在生产现场降低成本的主要对象是瓶颈工序。假设通过改善瓶颈工序，节拍时间从 45 秒减少了 1 秒。当前的每日生产能力为给定的 8 小时

（28,800 秒）除以每个产品的节拍时间 45 秒，得到
640 个。如果缩短 1 秒，每日生产能力将增加 14.5 个，
即 654.5 个（28,800 秒 /44 秒）。改进瓶颈工序外的
其他工序无法缩短节拍时间，生产能力仍然保持不变。
如果瓶颈工序缩短 5 秒，每日生产能力将增加 80 个，
即 720 个。

　　在实际工作中应考虑如何缩短节拍时间。作为
接收方的客户是通过实际生产量评价供应商的节拍时
间。但作为供应商如果仅依赖实际生产量计算节拍时
间，将很难缩短它。用总工作时间和总生产量管理，
很难找到缩短节拍时间的关键点在哪里。即无法区分
缩短节拍时间的对象是正常时间、放宽时间、突发停
工还是意外故障等。因此，需要系统地区分和解剖瓶

颈工序，并积累缩短方法的经验。

　　下图仅显示了瓶颈工序。节拍时间为 45 秒，周期时间为 35 秒。周期时间包括了 33 秒的正常时间和 2 秒的放宽时间。缩短节拍时间就要减少浪费时间、放宽时间和正常时间中的一个，或是这三者都可以减少。

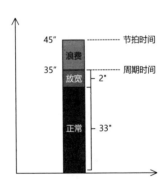

图 2-20　瓶颈工序分解图

　　三者中最容易减少的是浪费时间。减少正常时间和放宽时间取决于特定情况和企业文化，不同企业结果可能会有所不同。通常减少基于企业文化的放宽时间更加容易一些。节拍时间是三者综合的结果。因此，首先要比较的是周期时间和最初设定的标准时间之间的差异。周期时间可能小于或大于标准时间。从构成标准时间的正常时间和放宽时间中查找发生差异的原因，并制定缩短方法。其次是对浪费时间的分析。找出导致 10 秒浪费时间的原因，并判断是否可以改进或不可避免。通常情况下，通过管理方法是可以改进浪费时间的。

缩短正常时间：技能水平、士气、工作安排和机械化

正常时间是指在单位工序中，具有标准技能水平的工人遵守标准作业方法时的消耗时间。首先要关注的是工人的技能水平和士气。通过提高技能水平，生产力可以提高约 30%。企业应该传授准确的作业方法并通过重复作业将工人培养成为熟练的技工。需要注意的是，激励对于培养技术工人非常重要。

企业可以将技能水平分为多个级别进行评估和管理。根据技能水平的不同，将工人投入不同的生产线，相应的工资也不同。以高技能工人为主，组成小规模生产单元用于多品种小批量产品的生产。这些小规模单元不仅生产单一品种，还可以根据生产计划和指令生产各种型号的产品。每种产品的节拍时间是固定的，根据节拍时间制定生产指令，只要生产任务完成了，即使没到下班时间工人也可以提前下班。当然，每个工人技能水平不同，所需的节拍时间也不同。企业通过这种激励方法，引导员工成为熟练的技工。

与激励不同，如果工人陷入了工作涣散的状态，则需要从多个方面进行审视。所谓"胡萝卜加大棒"激励和惩罚都是必不可少的。需要分析工作涣散的原因是缺乏激励还是个人懒惰，又或是人际关系、企业文化的问题。要主动与工人沟通了解原因，并采取激励、教育或岗位调整等措施。工作涣散的原因中最难以解决的是人际关系和企业文化引起的情况。如果是人际关系引起的，那么通过工作位置调整、教育等措施可以在一定程度上缓解。但如果是松散的企业文化引起的，消除它绝对不是一件容易的事。这种企业文化是自创业以来累积的行为准则及氛围，因此需要外部力量的介入。

内部变革往往会遭遇抵抗情绪、行为惯性等内在阻力，最终导致涣散的氛围进一步蔓延。通过聘请外部专家引入外部力量，并且管理层身先士卒，让员工感受并看到企业变革的决心和效果，这是内部变革成功的关键。在大多情况下，造成这种企业文化的原因在于管理层。因此，管理层的示范和意愿是最重要的。需要注意的是，如果来自外部的变革不成功，企业的内在阻力会变得更大，长时间处于僵局状态。此外，外部专家在推进变革时往往会牺牲某些人，强迫他们不得不选择离职。与其采用这种方式，不如将潜在的牺牲者作为变革的伙伴一同参与其中。这也从侧面体现出外部专家的管理有力。

其次要关注的是工作安排。错误的工作安排基本上意味着错误的工作指示。为了应对多品种小批量生产，下达生产多种产品的工作指示时，经常会发生设备替换错误或物料供应错误，而且会影响到工人的工作效率。特别是在生产过程中紧急下达新的工作指示，工人的积极性会迅速下降，生产效率也会随之下降。如果这种情况反复出现，单日生产指示将失去意义，并且工人会失去对管理者的信任。那么应该如何克服呢？向工人灌输客户重要性的概念是一种不错的解决方法。应该让工人明白，紧急指示可能意味着客户的重要性很高或交货期非常紧迫。事实上，由于上述原因现场经常会发生插入式工作指示。应尽量避免这种情况的发生，但一旦发生，最好给工人贴上重要客户产品的标签，以激励工人的工作动力。要给工人留下"重要客户的工作指示"的印象，而不是让工人认为是"插入式工作指示"。

第三个要关注的是标准作业方法本身是否需要改进。例如，确定是否有更好的工作方法、更有效的设备启动和操作方法，以及更便捷的找出设备故障的方法等。特别是设备调试前后的工作，可以通过视频拍摄分析操作方法、分解动作，从而找到缩短时间的关键点。

第四个要关注的是，是否实现机械化。对于供应企业来说 缩短节拍时间非常重要。节拍时间决定了单日的生产能力，并且是减少生产现场成本的决定性因素。通过提高技工水平、变革企业文化和改变生产形式，无法进一步缩短节拍时间时，就需要考虑引入机械化或自动化。此时，资源投入应当集中在瓶颈工序，通过瓶颈工序的改进实现节拍时间的缩短以及扩大生产能力。如果生产时需要投入人的感性因素，那么最好推迟机械化的引入。需要感性因素的生产，实现机械化比较困难，并且这可能会对产品的感性质量产生影响。手工制作的鞋类价格昂贵，是因为无法用标准衡量的感性质量通过工人的专有技能体现在产品中。引入机械化或自动化时，必须要考虑人机（Man-Machine）系统。引入新系统时，初期的质量稳定非常重要。即使再好的机器，如果人无法方便地操作，对提高质量和生产效率方面也不会有多大的帮助。因此，引入新技术时不能仅按照供应商的意见行事，而应积极听取车间熟练技工的意见，以便在操作时更方便地应用新技术。

缩短放宽时间：企业文化建设

放宽时间是根据工作强度、环境、生理现象等因素设定的。因此，设定的时间本身很难缩短，但是设定的放宽时间如何使用是可以商榷的问题。特别是现场放宽时间和生理放宽时间中存在这种倾向，需要采取适当的管理措施。例如，非必要的会议、文件制作等现场放宽时间和闲聊等生理放宽时间，通常是企业文化造成的。这种情况一般发生在生产线不忙的时候，而生产线不忙说明作业指示错误或正常时间的设定有误。企业应该努力纠正这些错误，建设一个能够在现场公平公正作业的企业文化。

减少浪费时间：设备响应速度、企业文化建设

除了正常时间和放宽时间之外，浪费时间的地方还有很多。包括等待供应的材料、机器性能下降、残次品的生产和维修、故障停机等。这通常是在缩短节拍时间时最容易减少浪费时间的领域，企业需要制定相应的管理措施。

在生产现场设备的作用越来越重要，生产能力越来越依赖于设备能力。因此，减少现场浪费时间的首要任务是预防设备浪费。设备的浪费主要有六大方面。

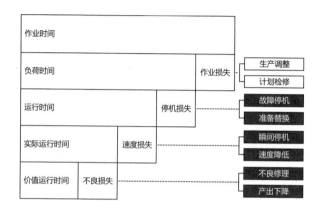

图 2-21　设备的六种浪费

上图中把生产调整和计划检修视为例外情况，余下的六种浪费只要应对得当，也可以充分减少节拍时间并显著提高生产能力。

· 故障停机的浪费

故障不仅指设备的突发故障，如损坏或失效，还包括性能逐渐下降。即使设备在运行，但因性能下降无法发挥指定功能的，都可以被视为故障。突发性和慢性故障通常伴随着生产减少、不良品和相关维修。突发性故障很容易被发现，制定对策也相对容易一些。但是慢性故障即使制定了各种对策，也很难取得显著效果，因此往往被搁置。故障可以分为设备制造商导致的故障和用户使用导致的故障。

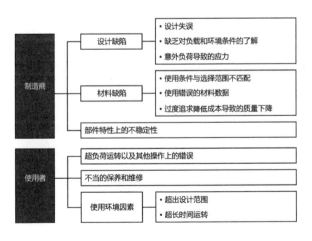

图 2-22　故障导致的浪费

那么，如何预防故障呢？关键是提高设备的可靠性和维护性。提高设备的可靠性是指减少故障次数。减少故障次数就需要做好预防劣化和疲劳恢复工作。

日常维护（检查、加油、清洁、调整、微调）；

劣化检测（提高预测能力）；

设备检查（运行检查、分解检查）；

设备维护和维修（预防性维修、突发性维修、事后维修）；

延长部件寿命（通过研究故障间隔特性，估算部件寿命并选择材料）；

改进维护方法、预防维护活动的彻底执行。

提高维护性是指缩短维修时间。首先，提高设备

可靠性防止发生故障。其次，一旦发生故障需要尽快

维修恢复原状。

拆解、检查、整理顺序的调整和标准化；

研究缩短维护时间的方法；

从管理角度提高维护效率。

· 准备更换的浪费

准备更换的浪费是指当前产品加工结束后，开始

生产下一个产品直到出现合格品所消耗的时间。这是

不能为产品增加价值的时间。通常称为准备更换时间，

分为"内准备时间"和"外准备时间"。

| 准备更换时间 | ＝ | 内准备时间 | ＋ | 外准备时间 |

内准备时间：从当前加工完成到下一个加工品种出现合格产品所需的时间，机器不产生附加价值的时间。

外准备时间：机器运行时，在机器外部进行准备更换工作的时间，包括预先准备和后续处理。

内准备时间是浪费的时间，而外准备时间是在设备运行时进行准备或后续处理的时间，因此不算是浪费的时间。通过改进准备更换工作，可以提高设备运行率、提高产量、提高质量稳定性、减少工时、确保灵活的生产等，从而缩短节拍时间。准备更换工作分为 4 个类型。

表2-9 更换工作的类型

种　类	内　容
模具/工具更换	• 冲压机模具更换 • 成型模具更换 • 切割，磨削工具更换
标准更换	• 化学和设备标准更换 • 数控机床种类更换 • 微调准备更换
物品更换	• 装配工序的品种更换
工作准备	• 开工前的准备工作 • 结束后的处理工作 • 初期流动物品的准备

准备更换时间用视频分析时，会发现可以改进的地方比想象的要多。把内准备改为外准备时，可以看到 50% 的改进效果。区分内准备和外准备后，下一步就是要消除内准备更换作业中的浪费时间。

• 瞬间停机的浪费

在教室等地方使用麦克风时，有时会突然出现声音无法传递到扬声器的情况。这种瞬间停顿是暂时性的，与故障的性质不同。因为它通过部件更换或简单的维修就可以恢复正常。但是在发生初期如果被忽视，也会导致长期性的停顿。

要减少瞬间停机，须关注小缺陷的及时修正、遵守运行准则和操作准则、对发生的现象进行物理分析、研究最佳运行条件等。

• 速度降低的浪费

经常开车的人会发现，汽车在实际行驶中的油耗高于销售时所承诺的油耗。如果这是制造商故意的行为，那么厂家应该受到谴责。但是设备在过了一定时期后会出现运行速度低于设计时速度的情况。这种损失被称为速度降低的浪费。速度降低对设备运行效率影响很大，因此必须找出速度降低的原因并提高设备操作技术。需要考虑的是，在生产现场为了稳定质量和延长设备寿命，有时需要有意降低速度。速度降低通常是由于设计阶段未进行充分论证、存在只有厂家知道的设计缺陷、组成部件的变动、产品形状复杂等原因引起的。

要减少速度降低的浪费，必须从设计阶段谨慎处理。此外，提高操作人员的技术水平和经验积累也很重要。速度降低即使恢复到原始状态，如果不加维护，一段时间后又会重复发生。因此，需要掌握正确的加工条件、运行周期，加工时的振动、电流值、精度等，并进行日常维护和定期检查。

· 不良品的浪费

当出现不良品时，质量等级会下降并且需要重新加工。因此，不良品不但导致物理损失还会导致劳动损失。此外，针对不良品的会议和讨论以及重新加工，会让员工的士气遭受打击。突发性不良品通常会导致生产工序的波动，因此查找原因和制定对策相对来说比较容易。但是，慢性不良品通常是由于工序中偶然因素的介入而发生，并且已经散布到其他工序里。因此，相对来说难以查找原因，也难以改善。

突发性不良只要将改变的条件或原因恢复到原来的状态，大多数情况下都可以得到解决。相比之下，慢性不良的因果关系不明确，原因也多种多样且复杂。要查找慢性不良的原因，需要进行更加系统化的实验测试等手段。另一方面，有时因设备或使用环境引起的简单问题，也有可能被视为是慢性不良。在这种情况下，征求设备专家或材料相关专家的意见，问题通常很容易解决。慢性不良和突发性不良的特点对比如下。

表2-10　慢性不良和突发性不良的特点

区　分		慢性不良	突发性不良
发生形式		• 总是发生 • 短时间内重复 • 规律分布	• 突然发生 • 不规律
识别方法		• 难以直接识别 • 难以对比	• 容易识别 • 与平时对比
查找原因		• 复杂 • 不明确	• 单一 • 相对明确
经济损失	单次损失金额 发生频率 累计值	• 较少 • 较高 • 较高	• 较多 • 较低 • 相对较少
制定对策		• 容易放任不管 • 创新对策 • 改进后减少	• 努力改进 • 现场制定对策可以解决问题

• 初始产出率的损失

在北方冬天驾驶汽车时，启动发动机后通常会预热一段时间再出发。这是因为寒冷的天气会影响汽车引擎的正常效率。生产系统也一样，停止后重新启动时会导致产品质量不稳定。这种情况下产生的损失称为初始产出率的损失。通常是由加工条件的不稳定、工具维护不到位、模具维护不到位、操作员意识跟不上等因素引起的。特别是对于某些设备，如果润滑油的温度对加工尺寸或时间产生影响，就需要分析这一点并确认设备试运行的时间。此外，需要加强对初始批次的首件检查，以及确认质量关键参数的工序能力变化等。日常工作中，还需要制定和完善设备的日常检查标准，并面向操作员进行判断运行状态的技能培训。

第三章　基于价值工程降低研发成本

　　以前汽车的保险杠等外观大多数采用的都是金属材质。然而现在大多数都被纤维增强复合塑料（FRP）等材料所取代。这种材料既能保持保险杠等部件的基本功能，还让生产工艺更为简便，而且让汽车的重量变轻了，燃油效率也提高了。此外，由于纤维增强复合塑料的价格相对便宜，实现了相当程度的成本节约。像这样保持功能的同时降低投入成本的技术被称为价值工程。

价值工程是为了应对紧急情况而诞生的。1947年通用电器公司想要用石棉来铺设仓库地板，但由于第二次世界大战刚结束不久，原材料供应十分紧张，购买石棉变得异常困难。当时通用电器公司内部规定"仓库的地板必须使用石棉"。石棉采购的困难迫使采购负责人与专家探讨，最终找到了可以实现防火目的并且价格低廉的替代品。采购负责人证明了这种替代品的阻燃性，并修改了内部规定。这一事件使人们意识到实现目标所需的材料或方法有很多种，并以此事为契机开始研究"在保持功能的同时降低成本"为目的的产品功能。时任通用电器公司工程师的麦尔斯，对产品的功能、费用与价值进行深入系统的研究，提出以最小成本提供必要功能，获得较大价值的科学方法。同年其研究成果以"价值分析"发表。

第一节　价值工程的结构

价值工程的公式如下：

$$VE = \frac{F}{C}$$

* VE: 价值　C: 成本　F: 功能

价值工程的目的是通过 C 和 F 的变化使 VE 最大化。但是从企业营销的角度来看，不同的产品其方向可能会有所不同。对于需要保持高端品牌的奢侈品，关注功能 F 的提高可能比关注成本 C 的投入更为重要。如果成本 C 降低的同时功能 F 跟着降低，很容易给人一种低端品牌的印象，进而使价值 VE 因低端形象而降低。

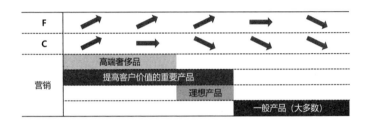

图 3-1　营销策略对价值工程的影响

通常情况下，价值工程的重点都是放在保持或提高功能 F 的同时降低成本 C。从价值工程的定义来看，功能 F 基本上保持不变是最基本的要求。但是在实际工作中，有时也会发生成本 C 降低的同时，功能 F 也随之降低的设计。

第二节　通过价值工程实现降低成本

一、产品功能与价值工程的思维方式

价值工程是一项旨在消除附加在产品功能上的不必要的成本的活动。为此，通过分析系统、产品、零部件和工艺等，实施有组织的降低成本活动以实现最佳的寿命周期成本。在展开介绍这种降低成本活动之前，我们需要从功能的角度了解价值工程的思维。产品功能可以分为绝对必要的基本功能以及次要功能和过剩功能。通过观察电视遥控器，我们可以容易理解这三种功能。遥控器中有一些是必不可少的功能，比如开关、音量调节、频道选择等。但也有不少过剩功能，有些功能甚至到报废时都不知道有什么用处。

对绝大多数用户而言不必要的功能	过剩功能	不必要
设计上必要的功能	次要功能	必　要
必须满足客户需求的功能	基本功能	绝对必要

图 3-2　产品功能的分类

从降低成本的角度看，这三种功能中哪一种功能容易被拿掉，示意如图 3-3。在图表中，只将设计构思上的次要功能作为降低成本的主要对象。但在实际操作中，顾客要求的次要功能也成为降低成本的对象。

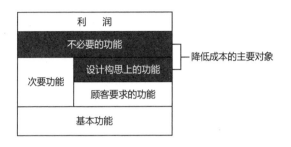

图 3-3 降低成本分析图

二、客户价值与价值工程

推动价值工程活动的动机分为内部动机和外部动机。通常的动机是内部的，即通过产品功能的改进降低成本。外部的动机是从企业营销的角度设定和推动客户所需的价值。在这种情况下，首要任务是准确理解客户价值，这也是新产品开发的起点。

以电视为例会更容易理解。当电视开始普及时，收看电视节目本身是最重要的。那个年代可选的电视节目很有限，观众最大的要求是喜欢的节目能丰富起来。对于电视的清晰度、尺寸没有过多的要求。随着经济的发展和国民收入的增加，消费者希望通过大屏幕沉浸在影视作品中。因此，高清大屏电视开始出现在市面上。再后来人们追求舒适生活，高清壁挂电视又迅速在全国普及。随着城市房价的不断攀升，购买大房子越来越力不从心。居住环境带来了生活价值观的改变，人们意识到减少电视占用的空间有扩大客厅面积的效果。发掘、分析和评估客户价值并改进产品，可能更大程度上符合产品开发流程的概念。因此，本书将重点介绍基于内部动机，即降低成本为目标的价值工程的过程和方法。

三、价值工程的过程和方法

价值工程活动的过程可以分为功能分析、功能评估、创新和改善。虽然也有更详细的系统性的应对程序，但本书里我们将以核心重点为主进行讲解。

·产品开发阶段：确定功能，并精准找出产品和组成部件作用的阶段。

·功能评估阶段：按功能组计算目标成本和当前成本，评估价值并确定改进优先级的阶段。

·创新阶段：为发掘每一个功能的替代方案而不断构思的阶段。

·改善阶段：将确定的构思具体化并编制改善方案，评估其经济性和技术性等价值提升程度的阶段。

功能分析

功能分析是为了准确掌握作为价值工程对象的产品的功能，使后续的功能评估和创新更加容易推进。在进行功能分析时对"功能"的定义，要使用名词和动词两个词汇简洁地表达。名词部分使用可量化的表达方式，以便于进行功能评估或替代方案评估。动词部分使用能够扩大思考范围的表达方式。需要注意的是，不能将两个功能合并定义为一个功能。

表 3-1 常用术语及同义词

名词（目的）	动词	同义词
功率、力量、摩擦力、信号、声音、输出率、电磁波	制造	创造
光、电、电流、机械运动、方向、速度、音量、电路	改变	转换
位置	移动	
力量、面积、摩擦力	增加	增大
声音、阻力、摩擦力	减少	减小
温度、压力、精度	提高、降低	提升、调低
信号、声音、功率	放大	
功率、电流、水、力量	供给	发送
旋转力、电流、信号	传递	发送
开关、操作板、接点	启动	作用
齿轮、轴	旋转	转动
活塞、轴承	直线运动	前后运动、上下运动
电流、水、油	通过	流过
蒸汽、燃气	传送	
信号、油、力量	接收	
软管、盖子、支架	拧紧	连接

以常见的圆珠笔为例。圆珠笔可以分为三大功能组：外壳、笔芯和内部零件。组成部件和成本信息如下。部件名称和成本信息为了便于理解，使用了简单易懂的术语和随机金额。

表3-2　圆珠笔的组成部件及成本

区分	功能组	部件名称	单价	数量	金额
	外壳				
1		笔帽（上外壳）	30	1	30
2		吊绳	15	1	15
3		笔杆（下外壳）	30	1	30
4		防滑套	15	1	15
	笔芯				
1		笔管	10	2	20
2		墨水（黑）	20	1	20
3		墨水（红）	20	1	20
4		笔头	20	2	40
5		钢珠	20	2	40
	内部零件				
1		按钮（黑、红）	10	2	20
2		连接环	10	1	10
3		弹簧	20	2	40

*部件名称和成本信息为随机编写

根据确定的组件定义功能。在定义功能时考虑功能组是很有必要的，这样可以更轻松地整理功能之间的相互关系。

表3-3　圆珠笔的功能分析

圆珠笔的功能分析

序号	功能组	基本功能	部件	功能		分类	
				名词	动词	基本	次要
1	外壳	抓握	笔杆	手	抓握	●	
			防滑套	使抓握	更容易		●
		悬挂	笔帽	使抓握	辅助		●
			吊绳	圆珠笔	悬挂		●
2	笔芯	供给墨水	笔管	墨水	储存	●	
			笔头	墨水	引导	●	
			钢珠	墨水	供给	●	
			墨水(黑/红)	颜色	区分	●	
3	内部零件	区分颜色	按钮	颜色	变更	●	
			连接环	笔芯	支撑		●
			弹簧	笔芯	恢复	●	

重新整理功能分析中呈现出来的功能之间的关系。按照顶层功能—基本功能—次级功能的顺序排列，做出产品的功能层次结构图。

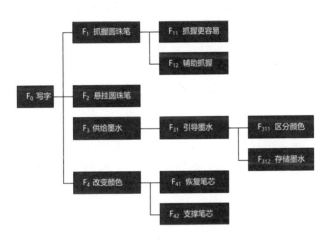

图3-4 功能之间的相互关系

功能评估

通常我们知道产品组成部件的单价，但不知道部件功能的当前成本。根据功能之间的相互关系衡量每个功能的当前成本的行为称之为功能评估。也就是将

圆珠笔组成部件的单价分配到各功能上的过程。功能

成本是根据团队成员综合意见的平均值进行分配的。

表3-4　笔帽单价的分配比例和金额

功　能	组　员					平均值	分配金额(30)
	1	2	3	4	5		
F1 抓握圆珠笔	80%	85%	87%	80%	83%	83%	25
F2 悬挂圆珠笔	20%	15%	13%	20%	17%	17%	5

通过这种方式可以衡量每个功能的当前成本，并

利用环比评分法等方法计算目标成本，以确定改进的

优先级顺序。用圆珠笔的例子，分析每个功能的当前

成本如下：

表3-5　功能的当前成本

部件名称	金额	F1 抓握圆珠笔	F2 悬挂圆珠笔	F3 供给墨水	F4 改变颜色
笔帽	30	25	5		
吊绳	15		15		
笔杆	30	30			
防滑套	15	15			
笔管	20			20	
墨水（黑）	20			20	
墨水（红）	20			20	
笔头	40			40	
钢珠	40			40	
按钮（黑、红）	20				20
连接环	10				10
弹簧	40				40
合计	300	70	20	140	70

分析完每项功能的当前成本后，需要计算目标成本。计算目标成本的方法包括主观估算法、比较估算法、强制确定法和环比评分法等。

本书以现实中最常使用的环比评分法（Decision Alternative Ratio Evaluation，简写 DARE）为例。应用顺序如下：

① 将每个功能随机排列。

② 对相邻的两个功能领域，从上到下依次评估该领域的功 能重要性，其中将下一个领域定义为 1（r：相对重要性）。

③ 依次进行评估，如 F3 到 F2，F4 到 F3（最底部为 1）。

④ 整理相对重要性。

⑤ 从最底部开始依次乘以权重 r（k：修正值）

－第三个 k =（第四个 k）×（第三个 r）

⑥ 计算 k 的总和 (Σk) 并计算每个领域的 $k/\Sigma k$ 作为重要度系数（w）。

⑦ 根据需要调整系数。

⑧ 乘以当前成本 (C) 进行成本分配（价值评估 F）

如：F_1 的成本分配：当前成本 $300 \times 0.18 = 54$

表 3-6　基于环比评分法的功能评估

功能领域	比较评估			权重 (r)	修正值 (k)	重要度 (w)	价值评估 (F)
F1 抓握圆珠笔	5.0			5.0	3.75	0.18	54
F2 悬挂圆珠笔	1	0.05		0.05	0.75	0.04	12
F3 供给墨水		1	15	15	15	0.73	219
F4 改变颜色			1	1.0	1.0	0.05	15
合　计					20.5	1.00	300

根据功能评估的结果，修正目标成本（F′），然后据此计算 V 值和 C-F′ 的值，最后找出最大的值。在这种情况下，最大值将成为改进的首要顺序。目标成本（F′）是功能当前成本和通过环比评分法计算的价值评估值中的较低值。确定改进优先级顺序时，综合考虑了价值指数 (V 值) 从低到高的顺序以及预期效果较大的功能值（C-F′）等因素。

表 3-7　基于功能评估的改进优先级顺序

功能领域	当前成本(C)	价值评估(F)	目标成本(F')	V值(C/F')	C-F'	优先级
F1 抓握圆珠笔	70	54	54	0.77	16	2
F2 悬挂圆珠笔	20	12	12	0.60	8	3
F3 供给墨水	140	219	140	1.00	0	4
F4 改变颜色	70	15	15	0.21	55	1

*目标成本（F'）：当前成本（C）和价值评估（F）中的较低值

创新阶段

创新是为了找出改善方案，在实际应用中创新方法多种多样。其中，头脑风暴法、联想法、奥斯本检核表法和戈登法是比较有代表性的方法。本书简要介绍了手机研发价值工程活动中经常采用的 9 种创意方法。

① 设置需求条件的方法：通过审查目标部位的方案书或图纸，对设计标准和性能之间的差距进行分析，并提出新的想法。常用的方法有引入新思维的"转换思维法"和改进现状的"灵感激发法"。此时，需要关注以下三个要点。

针对成本高昂的目标单元和使用高成本零件的情况。

针对需要高精度、需要重新审查设计标准并确认产品性能的情况。

针对过去出现过客户索赔等紧急的情况。

② 强制设定目标的方法：通过明确定义目标值

　来进行创意发想的方法。这种方法限制了目

　标部位的目标成本和零件数量。

　针对零件数量相对较多的情况。

　针对空间（容积）相对较大的情况。

　针对空间有富余的情况（单位空间的零件数量、

　充填率、占用率、浓缩度）。

③ 强制利用方法：通过审查目标部位的方案书

　等，研究设计标准或材料信息，并强制要求

　使用通用材料的方法。

　针对在目标单元或零件中使用特殊材料的

情况。

④标准化·共享化方法：在目标部位实施标准

　　化和共享化的方法。需要考虑共享性、统一性、

　　步骤缩减、系列化、合并形态、类似形态等

　　因素。

　　针对目标单元或零件在不同机型或不同产品中

　　使用，并且种类繁多的情况。

　　认为必须进行标准化和共享化的情况。

⑤轻量化方法：通过审查目标部位的方案书等，

　　找到替代材料、零件、方法等以减轻重量的

　　方法。

　　针对目标部位的重量在整个产品中相对较重的

情况。

希望减轻目标部位的重量的情况。

⑥ 加工·组装提高方法：通过了解目标部位的

加工或装配实况，发现问题并寻找改进方法。

寻找堆叠、组合方式、传输方式等的改进点。

针对目标单元的组成部件加工复杂（三维加工、

加工工艺复杂）的情况。

组装时间长且结构复杂（螺丝固定较多，采用

黏合、连接等组合方式）的情况。

⑦ 调整和检查最小化方法：通过审查目标部位

的检查说明书等，确认需要调整检查的内容，

并找到最小化的方法。

存在调整项的情况。

检查数量较多，耗时的情况。

根据检查需要花费判定时间的情况。

⑧与供应商共同开发的方法：通过审查目标单元的供应商（合作单位等）信息，进行共同开发的方法。

供应渠道相对有限，且成本较高的情况。

需要与供应渠道共同开发以追求最低成本的情况。

⑨矛盾克服方法：找到技术或物理上的矛盾，并改变参数或控制变量的方法。虽然存在技术难度，但一旦改进，效果惊人。

技术上的矛盾 → 两种不同的技术变量相互冲突。

物理上的矛盾 → 一个技术变量需要同时具有不同的值的情况。

通过创新发现的内容应该按功能领域进行整理，对可行性、投入成本、技术难度等进行评估，然后决定是否采纳。

表 3-8 创新评估表

部件名称	功能		类型	创意	评估			
	名词	动词			技术	成本	实现	采纳
笔杆	手	抓握	结构变更	形状变更	●	↑	×	×
防滑套	使抓握	更容易	材料更换	替代	●	↓	▲	▲
笔帽	使抓握	辅助	结构变更	形状变更	●	−	●	▲
吊绳	圆珠笔	悬挂	流程变更	与外壳一体化	▲	↑	▲	●
笔管	墨水	储存	材料更换	替换	▲	↓	●	▲
弹簧	笔芯	恢复	供应商更换	添加交易线	●	↓	●	⊙

撰写改进方案

撰写改进方案的方法多种多样。既可以采取提案形式，也可以采取项目改进演示形式。不论采用何种形式都应包括活动流程、改进的核心部件、改进效果（效益金额）等内容。通过挖掘案例扩大改进数量，并通过扩大改进数量推广优秀案例，以此追求有组织的价值工程活动的普及。

第四章　基于约束理论降低工序成本

　　1984 年，以色列物理学家高德拉特博士出版了小说《目标》（The Goal）引起了全世界读者的广泛兴趣和实施约束理念的热情。与大多数人普遍认为的物理学家和制造业无关的认知不同，高德拉特博士通过敏锐的洞察力诊脉生产工序，提出了著名的约束理论。

第一节　什么是约束理论

约束理论（Theory of Constraints，简写 TOC）是指找出影响结果的制约因素，并消除或解决制约的一种理论。该理论认为在生产过程中存在无数个约束，但只从"解决最薄弱的约束"出发消除制约因素。这意味着解决少数核心问题比改进许多方面更为重要。

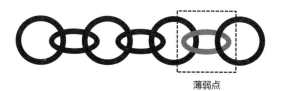

薄弱点

图 4-1

图中，从两侧拉伸图形环超出屈服点时，薄弱处会发生断裂。实际上这种断裂是在屈服点以下发生的。这个环的强度取决于其薄弱点的强度，要提高环的整体强度自然需要弥补薄弱点。

生产过程中也总是存在类似这个环的薄弱点。薄弱点在确定生产能力方面扮演着最重要的角色。那么在生产过程中如何管理薄弱点呢？这个问题的答案就是约束理论。约束理论的实际应用比想象中要简单。通过约束理论解决生产过程中的问题，可以减少在产品或提高生产能力，进而降低生产成本。

从定义上比较传统生产管理和约束理论，可以更容易理解两者的区别。

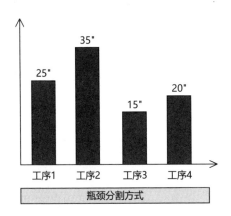

图 4-2 传统生产管理

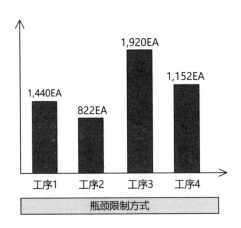

图 4-3 约束理论生产管理

图 4-2 与图 4-3 是对同一生产过程的基本工艺的分析结果。一共有四道工序，其中第二道工序是瓶颈工序。一天 8 小时（28,800 秒）的工作时间内，理论上可以生产 822 个产品。

在传统生产管理中，人们思考的是如何减少瓶颈工序中 35 秒的周期时间，或者如何通过工序分割等方式来平衡生产线以提高生产效率等问题。相比之下，约束理论将其他工序的生产计划与约束工序 2 相匹配。即使工序 1 生产了 1,440EA，工序 2 的生产也无法超过 822EA。因此，规划时要求第 1、3 和 4 工序也仅生产 822EA。当然，提高约束工序的生产能力是另一个问题。通过实施这种以约束工序为中心的生产计划，可以减少在产品的库存。

传统生产管理和约束理论的改进目标方式也不同。传统生产方式是为了平衡生产线，在多个工序中进行改进。而约束理论将改进目标限制在一个约束工序上，其他改进行为被视为浪费。管理方面，传统方式是严格管理整个流程，而约束理论则允许除约束工序外的其他工序可以松散管理。

表 4-1　传统生产管理和约束理论生产管理对比表

区 分	传统生产管理	约束理论
改进方式	瓶颈分割方式	瓶颈限制方式
核心管理	缩短瓶颈工序的周期时间	与瓶颈工序匹配的生产计划
理想状态	生产线100%平衡	生产线与约束工序生产量匹配
需改进的工序	包括瓶颈工序在内的多数工序	只限约束工序
管理状态	严格	松散

此外，约束理论认为瓶颈工序并不是一件必然的坏事，有时甚至是好事。并且认为工厂生产的所有

部件中都应该有瓶颈资源（在颈部工序中生产的部件），其他工序生产的部件不能超出瓶颈资源的数量。也就是说，约束理论将瓶颈工序作为生产控制点来管理，根据生产控制点制定生产计划并逐步提高生产能力。

第二节　鼓—缓冲—绳生产方式

一、依赖性与变动性

在生产线上，总是存在依赖性和变动性。依赖性是流程的连续结构造成的，而变动性则是因4M（机器、人、原料和方法）等的微妙变化而产生的。依赖性指的是生产和供应的结构以连续的方式组成，彼此相互影响。变动性是指尽管工作正常进行，但由于内部或外部的影响，导致无法获得事先预计的结果。

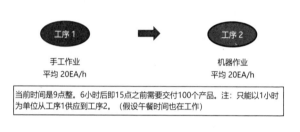

图 4-4

理论上，工序 2 受工序 1 的依赖性影响。但是有 5 小时的作业时间保障时，可以交付 100 个产品。如果作业正常每小时从工序 1 向工序 2 供应 20 个部件，然后通过机器加工最后交付即可。

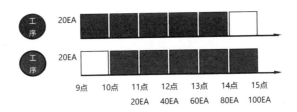

图 4-5

但实际情况是，工序 1 每个时间段都会发生变动性，而这种变动性会影响到工序 2 的依赖性。因此，无法实现目标的可能性很大。最终，由于工序 1 的变动性，15 点之前只能生产 97 个产品，有 3 个产品无法按时交付。

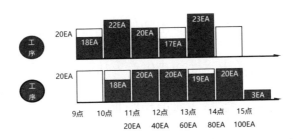

图 4-6

这种变动性让生产管理者感到非常困扰，并导致在生产过程中尽可能地保留在产品。这种依赖性和变动性随着后续工序的推进而增加，其结果是给事先制定的计划带来意想不到的困难。这种混乱会降低系统本来的生产能力。为了防止这种混乱，需要能够让生产正常进行的保护措施。这种保护措施就是保护约束工序的缓冲区（Buffer）。

· 推动式生产（PUSH）和准时制生产（JIT）

在学习约束理论的鼓缓绳生产方法之前，需要了解在生产现场广泛应用的传统的推动式生产方法和准时制生产方法。推动式生产方法是根据每个工序制定详细计划并按照计划指导作业，甚至第一个工序也是按照计划进行作业。管理者指导和监督每个工序是否按照详细计划进行。然而最终的结果是，尽管在产品库存不断增加，但始终很难满足交货期限。发生这种情况的原因是没有考虑后续工序的产能，而是一味地推进本工序的作业。即计划很详细，但执行过程中难以反映每个工序的生产情况。此外，生产过程中的变动性会引起生产延迟和混乱，从而导致生产计划被忽视。

　　解决推动式生产缺点的就是准时制生产方法。最后一个工序按照生产计划进行拉动，前一个工序根据后一个工序拉动的数量进行补充。通过这种方式可以抑制工序之间的在产品库存。而实现这一功能的是看板。看板代表了标准化生产，并成为工序之间平衡生产的重要工具。小批次生产的工序平衡，可以推广至多品种小批量生产，还可以实现生产线数量最小化的混合生产。准时制生产方法可以显著提高生产效率，但它并不容易被引入。因为，从引入到稳定需要很长时间，而且该生产方法对不良品、缺货和故障非常敏感。1997年因供应刹车零部件的"爱信精机"工厂发生火灾，导致丰田汽车30家装配工厂中有20家停工的事故以后，业内对准时制生产方法一直褒贬不一。此外，这种生产方法不仅需要全公司的所有部门全面参与，而且需要所有合作单位都必须共同参与。如果推行不到位，总公司需要承担的在产品库存等将被转嫁给最终的外包合作单位。在现实中，大型企业引入丰田的准时制生产方式后，小型承包企业经历了类似困局。

二、鼓—缓冲—绳生产方法

观看法国大革命时期的战争电影，可以看到即使子弹满天飞，士兵仍然跟随鼓声前进的场景。这个鼓是调节行军速度的重要工具。不能控制击鼓速度会导致队列崩溃士兵丧命，最终在战争中失败。DBR 生产中的鼓也扮演着类似的角色，这里的鼓是指决定生产速度的排程。但不是所有工序的排程，而是单指约束工序的排程。它意味着将所有工序的速度向约束工序的速度看齐。缓冲指的是提供余量的完工数量。即在前面说明依赖性和变动性时提到的，为了保护约束工序，在前面的工序中保留的在产品数量。绳指的是用来捆绑物品的绳子。在约束理论中用绳将约束工序前面的所有工序绑定在一起。即理论上约束工序前面的工序，不能比约束工序生产更多的产品。因此，要根据约束工序的产能调整前面工序的投入量。

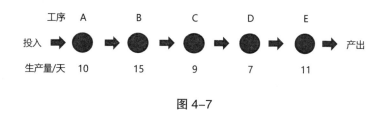

图 4-7

图中，生产线的生产能力为 7。即使在 B 工序生产 15，最终的生产也不可能超过 7。D 成为约束工序，而其他工序都是非约束工序。约束工序 D 称为受限产能（Capacity Constraint Resource，简写 CCR）。其他工序的管理可以松散，但 D 工序的管理必须非常严格。因为 D 工序的生产能力下降会导致整个系统的生产能力下降。A、B、C 工序不需要生产比 D 工序的 7 更多的产品，因此将它们用绳索捆绑起来。最终的目标是根据 D 工序的鼓（生产速度）制定计划生产。此外，为应对由于依赖性和变动性导致的前面的工序无法提供 7 个单位的情况，需要在 D 工序前留出多余的产品。这就是所谓的缓冲。

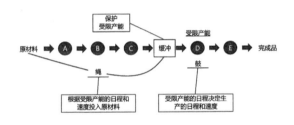

图 4-8　DBR 生产方法分析图

鼓（Drum）：受限产能是工厂排程的基准，并最终确定生产速度。

缓冲（Buffer）：为了防止受限产能因缺料而无法作业特意保留的前面工序的余量，可以保护整个工厂的收益。

绳（Rope）：根据鼓的排程，控制前面的工序只投入受限产能可以消化的原材料，是一个使工序同步的装置。

DBR生产方式基本上要遵循以下四点。

·不要给所有工序排程，只需给约束工序正确的排程即可。

·其他工序向约束工序的时间表看齐。

·调整投料时间，避免原材料过早投入（在产品最小化）。

·针对工序的依赖性和变动性进行缓冲管理（用最小化的缓冲保护受限产能）。

第三节　通过约束理论降低成本

一、通过控制计划减少在产品

　　了解各工序的周期时间，就可以轻松找到作为受限产能的瓶颈工序。即使没有周期时间相关的信息，找到受限产能也不是特别困难。仔细观察工序就会发现在产品堆积的工序、低产量或高废品的工序。大多数情况下受限产能就在这里。此外，也可以通过和现场工人的访谈找到受限产能。在传统生产管理中找到瓶颈工序后，一般是通过缩短该工序的周期时间提高生产效率。这是因为该工序不断积压在产品，而且该工序的生产能力决定了整个生产线的生产能力。但在查看实际的生产现场时，很容易发现一些奇怪的现象。即理论上不应该积压在产品的工序，也会有在产品的堆积。

为什么会发生这种情况呢？有几个典型的原因。不想承担不能及时给下一个工序提供物料的责任，生产计划存在漏洞，生产上的关键点管理不到位，应对随时发生的生产变更，企业文化，以及不顾全局只从自己的工作角度看问题等。解决这些问题并减少在产品库存的有效方法是约束理论生产方式。

举个简单的例子。假设有从 1 到 4 的工序，每个工序的每日生产能力如下图所示。假设要生产 30 个产品并进行交付,让我们制定两种生产计划进行比较。
第一个计划是推动式生产方式,按照第一个工序的生
产能力投入原材料。第二个计划是DBR生产方式,
根据考虑了缓冲的受限产能的生产计划投入原材料。

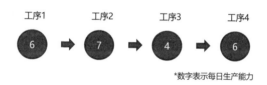

图 4-9

模拟这两种方法得出的结果如下。推动式生产方
式具有按第一个工序的生产能力投入原材料的特点。
生产控制是从第一个工序投料的角度监督生产线是否
顺利推进,是否有偏差。与此相反,DBR生产方式的
投料取决于受限产能工序的生产能力,生产控制专注
于严格监督瓶颈工序是否顺利推进。至于生产线是否

按计划作业并不重要，重要的是要根据受限产能调整一切进度。从模拟中可以看到，推动式生产方式理论上的在产品库存为 38 个。相比之下，DBR 生产方式即便考虑到保护受限产能的 2 个缓冲，也只有 14 个在产品库存。在这里，理论上是指所有工序只有依赖性而没有变动性。在 DBR 生产方式中，如果没有变动性就不需要设置缓冲。因此，从理论上来看 DBR 生产方式的在产品库存为 0。

根据受限产能调整生产进度的 DBR 生产方式，其生产控制集中在瓶颈工序上，自然而然地最小化了在产品库存。这就像在排队等候时设计一个门，让队伍通过门后再分配到空闲的服务窗口（读者如果有兴趣可以参考厄朗的排队理论）。

表 4-2 推动式生产方式和 DBR 生产方式对比

区分 工序 日期	推动式生产方式						DBR生产方式					
	1	2	库存	3	4	合计	1	2	库存	3	4	合计
1	6						6					
2	6	6					4	6				
3	6	6	2	4			4	4	2	4		
4	6	6	4	4	4	4	4	4	2	4	4	4
5	6	6	6	4	4	8	4	4	2	4	4	8
6		6	8	4	4	12		4	2	4	4	12
7			10	4	4	16		4	2	4	4	16
8			6	4	4	20		4	2	4	4	20
9			2	4	4	24			2	4	4	24
10				2	4	28				2	4	28
11					2	30					2	30
			38			30			14			30

二、提高约束工序的生产能力和降低成本

如果减少在产品库存意味着降低投入成本，那么提高生产效率意味着通过提高单位时间的生产能力实现降低单位时间的投入成本。如果需求与生产能力相当，则只需根据瓶颈工序制定计划并控制生产即可；但如果需求超过生产能力，则需要从两个角度进行应

对，即需求暂时增加的情况和需求持续增加的情况。

需求暂时增加时，可以临时提高瓶颈工序（受限产能）的生产能力。降低成本的最佳方式是不间断地运行瓶颈工序。正常 8 小时工作时间外，可以占用 1 小时的午餐时间让员工轮流生产。这样可以增加 1 小时的生产量。第二种方法是通过加班作业提前生产下一个工序所需的产品。也可以通过临时外包或临时雇佣劳动力来解决需求暂时增加的情况。

相反，如果判定是持续增长的需求，首席执行官（CEO）在进行投资决策时一定要非常谨慎。即便需求不断增长，但无法确信是长期趋势时，最好将其视为一种暂时的现象。因为，一旦判定为持续增长紧随其后的就是固定资产的投资。例如，采购生产设备以及雇佣劳动力等。如果确信需求增长是持续的，就需要果断地投资于瓶颈工序。投资时优先考虑外包给合作单位，其次是扩招工人，最后是设备投资。设备投资的前提是，判断需求持续增长时间不低于5年；扩招工人的前提是，判断需求持续增长时间不低于3年；外包给合作单位的前提是，判断需求持续增长时间不低于6个月。

约束理论只限于工序层面分析时非常简单，但是从需求开始扩展到完成品、工序和原材料时需要考虑的方面就会很多。如原材料缓冲和完成品缓冲等。从降低成本的角度来看，约束理论就算仅专注于减少在产品库存和提高瓶颈工序的生产效率，都可以收获与传统生产方式明显不同的短期成果。

第五章　通过消除现场浪费降低成本

　　降低成本中最常提及并且易于实施的领域是消除现场浪费。通过 3 定 5S 活动清除现场不必要的杂物，让每个人都能轻松查找并使用物品最终形成习惯，这是消除现场浪费的关键。丰田汽车在实践中将 3 定 5S 活动具体化，并提出消除现场七大浪费的概念。它们包括过度生产的浪费，库存的浪费，搬运的浪费，等待的浪费，动作的浪费，加工方法本身的浪费和不良生产的浪费。丰田汽车致力于向包括工人在内的所有员工灌输降低成本的思维方式，将现场称为"浪费的海洋",并持续实践消除浪费的活动。这一活动正是丰田生产系统的核心准时制生产（JIT）的基础。

第一节　现场的七大浪费

一、过度生产的浪费

曾经有一个阶段，将生产尽可能多的产品被视为生产部门的首要价值。其思想是最大限度地利用分配的人力资源实现最大产量。这就像生活中一次性购买尽可能多的食物将其存放在冰箱里一样。随着时间的推移，产品新鲜度会下降，甚至变质，最终因为过期被丢弃。此外，存放食物也会增加电费负担。如果存放过多的食物，寻找其他食物时还可能遇到阻碍。有时找不到所需食物，还可能会认为没有了而再次购买。每月或每周去一次超市大量采购食物的上班族，可能都有过这样的经历。

生产现场也大致相同。在需求不高的情况下过度生产会导致额外的储存空间和不必要的搬运成本。这种搬运会导致变质并产生包括人工费在内的管理费用。另外，如果没有进行系统化的存储管理，可能会导致无法快速找到物品，有时甚至会被认为不存在。如果被视为不存在，则会导致进一步的生产而产生额外的浪费。过度生产会导致在产品或完成品的长期积压，进而造成财务负担，阻碍现金流，使企业经营变得困难。最严重的情况是由于不断变化的客户偏好，无法满足需求而导致报废处理。因此，过度生产是最严重的浪费。相比追求最大产量，更重要的是适当地响应市场需求。

二、库存的浪费

库存浪费是由过度生产造成的。过多的库存会阻碍生产流程，并阻止问题的显露。这种阻碍有时也会成为组织内部沟通的障碍。当生产中的库存超过适当的量时需要搬运和储存，这会导致额外的管理费用。另外，随着时间的推移产品有可能会发生变质导致质量下降。这和随着时间的推移食材的新鲜度下降是一个道理。刚走进一条陌生的街道时人们通常选择客流量较大的餐厅。因为，人多就意味着该店的食物应该会很好吃。事实也是如此，客流量大食材的周转率就高，食材的周转率高新鲜度就越高。相反，如果顾客不多食材的周转率就会降低，导致食物的新鲜度跟着下降，这时顾客会认为食物味道不好而选择离开。这种恶性循环最终会导致长期积压的产品进行报废处理。库存浪费的最大问题是会影响产品质量，从长远来看会失去客户的信任。

三、搬运的浪费

搬运的浪费基本上也是过度生产的结果。如果食物有剩余，不是少量的话会装在盘子里放进冰箱保存。如果在移动过程中发生了泼洒，不仅需要丢弃食物，还需要额外去清洁掉在地板上的污垢。在生产现场如果生产了过多的产品，就需要用运输车辆进行搬运。

而搬运过程中发生的碰撞、冲击等会降低产品的质量，如果掉落到地上还需要额外的清理工作。此外，工人在作业过程中需要离开岗位进行运输，相应的作业时间就会减少，注意力也会下降。频繁的移动会导致工人的不满和士气下降，从而削弱工作积极性。移动的浪费最大的问题是不仅会导致物理质量下降，而且会导致负面的现场文化。

四、等待的浪费

上班路上耗费的总时间包括从家到工作地点的移动时间，等待公交或地铁的时间，等待红绿灯的时间。这些等待时间通常至少占到 10%，甚至多达 30%。无论做什么事情，核心工作使人更容易投入其中，时间会不知不觉地过去。但如果是非核心工作，时间就会变得漫长，士气也会下降。

同理，在生产现场如果工人从事能够增加产品价值的工作，他们就会投入其中积极主动地完成任务。相反如果从事无价值的工作，那么工作本身就是一种浪费，而且会造成不平衡的作业分配，甚至影响现场文化。下面是生产现场实际发生的等待浪费的例子。

在现场，有些人不停地工作而有些人则一边闲聊一边轻松地工作。这是由于生产线作业分配不平衡产生的问题，会引发各种等待。一些工人拼命地工作，但是由于生产能力不足或是生产线的分工不平衡导致在产品不断堆积。显然这些在产品处于等待状态，这就是显而易见的等待的浪费。但更大的问题是，由于有闲置时间工人也在等待。在产品的等待可以在现场轻易观察到，但人的等待并不会在记录中体现，却会产生人工成本。这会导致分工不均衡，最终削弱工人的工作积极性。

五、动作的浪费

在足球比赛中，对方没有犯规却假装被对方队员犯规并摔倒，试图骗取裁判的犯规判罚时，裁判会警告"假摔"。因为假摔行为干扰了裁判的公正判决，以及妨碍了观众享受足球比赛的时间。同样，在生产现场有时也会出现不必要的过度的动作以及不符合人体工程学的动作，试图以此减少作业时间。这种浪费被称为动作的浪费。为了防止这种浪费，企业通常会制定"作业标准书""操作规范"等实现动作标准化。

需要注意的是，如果在制定动作标准时没有对动作进行详细的分解，仍然会产生动作的浪费。

长期以来人们对动作浪费进行了持续的研究。最近相关研究更多情况下是通过视频进行分解，其分析结果也更加精准。这些研究可以追溯到动作研究的创始人弗兰克·吉尔布雷斯。吉尔布雷斯将工作现场的作业动作分为 18 个类别，并将其定义为分解动作（Therbligs）。这一分类至今仍然是大多数企业进行现场工作安排和动作设计的基础。此外，标准的作业动作不仅有助于提高工作效率，还使工人的动作更加舒适，并且可以预防导致工伤的肌肉骨骼疾病（实际上，一旦发生工伤就会产生意想不到的浪费）。

弗兰克·吉尔布雷斯（Frank Gilbreth）

　　吉尔布雷斯通过了麻省理工学院的入学考试，却因家庭困难没有入学，而是进入建筑行业，并以一个砌砖学徒工的身份开始了职业生涯。后来，他成为建筑工程师，被晋升为承包公司总管，不久又成为独立经营的建筑承包商。在工作中他研究了砌砖的动作，并制定了一种经过改进的工作方法。他把砌每块砖的动作从 18 个减少到 4.5 个，使每个工人一小时的砌砖数从 120 块增加到 350 块。他还提出了最小化运动路线的概念，成为现代制造业现场管理的奠基人。

　　吉尔布雷斯率先将摄影技术用于记录和

分析工人所用的各种动作，并把手的动作分为 18 种基本动作，他把这些称为"分解动作"（Therbligs）。他的这些研究最终奠定了丰田式生产方式的基础。

六、加工的浪费

电视遥控器中有不少按钮是从来不使用的。对于制造商来说这可能是提高附加值的一种手段，但对用户来说很多按钮都是一种摆设。对制造商来说这可以提高遥控器的价格，但对用户来说却是多余的。生产中也存在类似的问题。工人在认真工作，但稍微思考一下就会发现有更简单的工作方法或正在进行的根本就是不需要的工作。要经常思考当前的工作方法是否正确，锦衣夜行是没有价值的，金子要戴在看得见的地方。加工的浪费是指因过度的设计或加工方法的不当导致的不必要的作业。即本来不必要的工序或作业，当作必要的工作去做。加工的浪费通常在工艺顺序不明确、工作内容定义不明确或使用不合理的工具时发生。不是站在设计者的角度考虑问题，而是让能够将现场情况进行深入分析的人的意见反映在设计里，并且工人不断思考是否存在比现有方法更好的方法时，加工浪费的问题才能得到解决。

七、不良品的浪费

过去生产企业自己生产所有零部件。为了做到这一点，企业建立自己的工厂或子公司以进行垂直管理。但最近，专业化和降低成本的重要性日益突出。为了降低固定成本企业不再自己生产，而是外包给合作单位。随之而来的是产品质量的监控问题越来越棘手。由于合作单位工人的能力和教育水平不足，生产大量不良品的情况并不罕见。有些合作单位明知零部件有缺陷，却仍然交付这些不良品。而企业在不知情的情况下直接进行加工后将完成品交付给客户。其结果是企业不但要承担客户提出的赔付要求，还要加班加点修理不良品。可见不良品会产生直接的浪费，包括重新加工的人工成本、材料成本、索赔费用等。更严重的是由于失去了客户的信任，企业会失去客户甚至找不到替代客户，从而导致破产。

不良品的浪费源自作业的非标准化、工作粗心、新员工缺乏培训等原因。有时也因开发部门或工艺设

计者未能详细观察现场情况，仅凭理论进行生产排程
所导致。

第二节　减少现场浪费的方法

除了致力于消除现场的七大浪费之外，人们还开
发了各种有效的方法来降低现场成本。例如，ECRS
分析法、5问法、提案活动、分任组活动等。企业可
以根据自身的水平和现场文化选择适合的方法。对于
降低成本活动经常创新的企业与很少创新的企业之
间，许多方面都有明显差异。本书将其中一些具有代
表性的差异列成了表格。

表 5-1　创新企业和创新不足企业之间的差异

区 分	创新活动企业	创新活动不足企业
电话应答	快速接听、延迟挂断	通话困难，先挂断电话
大堂服务	亲切接待和出入管理	不友好的接待，无出入管理
行走通道	路线指引明确	路线指引不明确
办公室	个人位置指示牌	无个人位置指示牌
员工服装	统一制服、安全鞋	30%以上穿着非指定服装
在产品管理	大部分工序小批量管理	部分工序大批量管理
设备维护	每日定期检查	粉尘、切屑、废料无处不在
测量设备	放在指定位置	随意摆放
不良品管理	单独用红色存储箱存放	无管理
不良品识别	产生异常、查明原因	问题产生被视为常态，缺乏追踪管理
现状管理	主动标记和管理	管理者不关注或无标记
员工态度	对外人有礼貌	对外人漠不关心

那么，优秀的创新企业有哪些特点和诀窍呢？下面简单介绍创新企业常用的一些举措。

一、指定位置以及规范名称使其看得见

日本著名的卫生设备生产公司 TOTO，生产现场放置着公用工具摆放板。每种工具都有其指定位置和标签。它们放置在任何人都能看到的地方。另外，在工具摆放板上有一些在其他工厂很难看到的东西。工具摆放板的左上方挂着十多个写着工作人员名字的名牌，他们使用工具时会把自己的名牌挂在使用的工具位置上。这样所有人都可以知道工具目前在哪里被使用。这样做可以获得两个效果。首先，知道工具的实时位置，任何人都可以轻松找到工具。其次，可以防止丢失，避免重新购买。

二、缩短生产线

缩短生产线长度会带来多种效果。首先，人们对在产品的认识会发生变化。生产线不平衡引起的在产品库存，如果堆积在两个间隔较长的工序之间时，工人就很难意识到这种不平衡。当生产线长度缩短时，堆积的在产品会立即显现。同时，运输距离缩短时低下的工作效率也会显而易见，促使工作人员更改工作方法或工艺顺序。通过这种方式进行人员的重新调配，可以提高生产线的平衡效率。缩短生产线而空出来的空间，可以将其用作福利空间即做成员工运动区或休息区，这样可以提高员工的归属感。

三、用颜色区分

颜色是用来指示危险程度的工具。在生产过程中，处理危险物质的区域通常用红色标记。产品使用的注意事项也会用黄色、橙色和红色分别进行区分和传达。大多数产品和系统认证要求中都包含了对影响质量特性的因素进行监控。因此，企业需要定期监控温度、湿度、压力、强度等，并记录和管理相关数据。大多数数值都有确定的正常范围。因此，让工人轻松地看到数值是否在正常范围内比让他们每天一起查看和记录数值更为重要。相关范围可以用颜色区分，如红色表示危险，绿色表示安全。换言之，将安全区域的监控数值用绿色表示，让所有人一眼就能轻松识别。

人类在识别数字后需要将这些数字与适用标准进行核对，这个过程中容易出现认知上的错误。然而，通过颜色进行简单判断时可以最大限度地减少这种错误。越危险颜色就应该越强烈，颜色的尺寸越大效果越好。

四、让物品回到原位

在生产现场，让物品回到原位非常重要。当一个物品用完后，如果不将其放回原处，它可能会丢失或被其他人占用。这可能会导致现场混乱和生产效率低下。因此，将物品放回原位是保持工作区整洁和生产正常运转的基础。实现上述目的的工具就是"整顿"。如果你在生产企业工作过，就一定听说过整顿这个词。整顿被定义为让任何人都可以轻松使用。更进一步，整顿是指在使用工具、器具等物品后使其返回原位。做到让任何人都可以轻松使用并不容易，这需要事先定位、定品，并不断进行培训让员工形成素养。

五、不要相信全面检查

在生产现场经常发生这样的情况，即使进行全面检查，检查员的错误也会不断发生。为什么会这样呢？主要有两个原因。第一，是执行检查的人员不适合做检查工作；第二，是对检查人员的培训不够。有些人可以轻易发现物品中异样的地方，而有些人却怎么也找不到。这不是人的问题，而是先天差异。用简单的测试工具就可以轻松区分这两种不同特征的人。最大的问题在于没有充分培训检查人员，就让他们进行检查。如，对检查方法、使用检查仪器的方法以及不良类型等没有进行充分的培训。在生产现场这样的情况并不少见。应该对具备了作为检查员的基本素质的员工，进行一系列基本的双性分析（重复性与再现性）培训，直到能够把不良品准确识别为不良品，良品准确识别为良品的时候，再将员工投入实际检查工作。即使通过这样的培训，检查员的错误仍然会发生。人们经常认为进行全面检查就不会出现不良品。但是，由于长时间重复作业导致的疲劳感、检查人员的状态以及工作环境等因素，错误仍然会不断出现。

　　那么如何摆脱全面检查的误区呢？过去，许多人在不知道车灯亮着的情况下就离开了车子，过了一段时间后启动车辆时发现电池已经没电了。汽车厂商为了防止这种情况的发生，设计了在车门打开时车灯如果还亮着就发出警告声的功能。即使采取了这种措施，仍然引起消费者的不满。于是设计了停止发动机并离开车辆时车灯会自动关闭的功能。这是为了防止任何人出错。这种技术就是防傻系统，也叫防呆法（Fool Proof）。防呆法在生产现场也在推广，例如在某一点上测量重量，如果低于标准就无法通过，或者在达到一定温度以上时无法运行。

如果说全面检查是过去式，那么未来就是防呆法的天下。

六、产能和生产能力的平衡

产能是指在既定的组织技术条件下所能生产的产品数量。生产能力是反映企业所拥有的加工能力的一个技术术语。在制造业，提高产能和生产能力的时机并没有明确的区分。但是随着客户订单的增加和市场的扩大，会出现提高产能的时机。这时候会引入新设备，寻找新的合作单位，招聘新员工。在这个阶段，虽然会同时进行提高生产能力的活动，但扩大产量才是首要任务，因此提高生产能力的努力并不系统。

看似永恒的市场扩张过了一定时期后就会进入停

滞期，这正是为了迎接下一个增长期做准备的重要时机，这时需要进行提高生产能力的活动。保养设备并进行检查，如发现问题及时解决。对新开发的合作单位实施质量管控，确保4M（人、机、料、法）不出现变动。此外，需要对新员工进行关于企业理念、产品的理解以及具体工艺的技能等方面的教育和培训以加强个人能力。在生产现场需要不断进行消除浪费和创新改进活动。

提高生产能力是为了应对即将到来的市场扩张所做的基础准备。如果这个基础不稳固，扩大产能时将会带来数不尽的浪费。平衡产能和生产能力可以同时提高生产效率和质量水平，也可以用最少的投资实现最大效益。

七、管理与领导

被称为"科学管理之父"的泰勒和"动作研究之父"的吉尔布雷斯奠定了科学管理的基础。亨利·福特用科学管理理论发明了福特生产系统，并实现了大规模生产方式。与此同时，梅奥进行的霍桑实验揭示了除科学管理外人际关系的重要性。传统生产流水线上的工人们意识到成为霍桑实验的对象后，和工作环境得到改善的群体一样，生产效率得到提高。这不能仅通过科学管理来解释。此后，科学管理和人际关系学说成为管理人力资源的最重要因素。人们将其分为四个象限，以管理从事各行各业的人员。以士兵为例，如果要在战争中获胜则需要严格的命令体系。因此，对士兵需要进行严格管理。另一方面，对于需要创造力的艺术家或科研人员，社交管理如激励政策等比严格管理更为重要。

组织（企业）设定目标并不断衡量其成果，以此管理投资与绩效之间的关联。在这种情况下领导的角色变得更加重要。组织向领导者要求成绩，并对其进行严格考核。随之领导理论被提出，并且随着取得突破性成就的案例不断出现，相应的理论也在不断涌现。

生产现场也开始要求具备了领导能力的人，并强调成为领导者而不是管理者。然而，管理者和领导者之间经常出现混淆。一个典型的错误是认为领导者只重视社交关系，即人际关系的管理。这会导致仅强调对员工的激励，让大部分工作以自律的方式进行，实

行自我管理。为了让生产系统有效运作而制定的标准
和管理方法，被视为是管理者的责任而非是领导者的
责任。这会导致领导者无法对生产进行有效监控，以
及认真工作的人和不认真工作的人之间产生冲突。由
于领导者无法准确了解当前情况，领导者与组织成员
之间出现隔阂。最终导致彼此缺乏信任，组织会出现
动荡。

　　那么如何恰当地结合管理和领导呢？在领导理
论中也难以严格区分管理和领导。要发挥领导作用，
首先要确保为了系统的有效运行而进行的管理得以执
行。这是判断领导是否发挥作用的基本前提。如果没
有进行这种管理，就必须确保这种管理得到执行。管
理的执行根据组织成员的能力和企业文化的不同会有

很大的差异。领导者应准确评估这一点，并确保缺乏管理的人得到更多的培训。同时，对那些自我管理水平较高的人，应经常与他们进行关于自主性和管理方向的对话，以激励他们实现新的想法。近年来一些企业引入了辅导文化。辅导并不是领导者向下属传授自己的技能和经验，而是通过积极的提问和肯定引导下属自我认知，并寻找新的方法。

没有标准的地方，需要建立标准；有了标准必须遵守这些标准并不断改进。这就是戴明环（PDCA循环）管理方法对管理的基本要求。在这种情况下领导力才能发挥作用。如果管理崩溃了，那么领导力也就无从说起。